"瑜伽文库"编委会

策　划	汪　瀂
主　编	王志成
编委会	陈　思　陈　涛　戴京焦
	方　桢　富　瑜　高光勃
	郝宇晖　何朝霞　蕙　觉
	菊三宝　科　雯　Ranjay
	灵　海　刘从容　路　芳
	毛　鑫　迷　罗　沙　金
	顺　颐　宋光明　王保萍
	王东旭　王　洋　王　媛
	闻　中　吴均芳　尹　岩
	张新樟　朱彩红　朱泰余

法律顾问：河北高阶律师事务所李威達律师

智慧瑜伽之路

祥伛南达·达士 / 著译

四川人民出版社

图书在版编目（CIP）数据

智慧瑜伽之路 / 祥伛南达·达士著译. -- 成都：四川人民出版社, 2021.7

ISBN 978-7-220-12261-3

Ⅰ.①智… Ⅱ.①祥… Ⅲ.①吠檀多—研究 Ⅳ.①B351

中国版本图书馆CIP数据核字（2021）第103204号

ZHIHUI YUJIA ZHILU
智慧瑜伽之路

祥伛南达·达士　著译

责任编辑	何朝霞
封面设计	肖　洁
版式设计	戴雨虹
责任校对	舒晓利
责任印制	周　奇

出版发行	四川人民出版社（成都槐树街2号）
网　　址	http://www.scpph.com
E-mail	scrmcbs@sina.com
新浪微博	@四川人民出版社
微信公众号	四川人民出版社
发行部业务电话	（028）86259624　86259453
防盗版举报电话	（028）86259624
照　　排	四川胜翔数码印务设计有限公司
印　　刷	成都东江印务有限公司
成品尺寸	130mm×185mm
印　　张	7
字　　数	118千
版　　次	2021年7月第1版
印　　次	2021年7月第1次印刷
书　　号	ISBN 978-7-220-12261-3
定　　价	38.00元

■版权所有·侵权必究
本书若出现印装质量问题，请与我社发行部联系调换
电话：（028）86259453

"瑜伽文库"总序

古人云：观乎天文，以察时变；观乎人文，以化成天下。人之为人，其要旨皆在契入此间天人之化机，助成参赞化育之奇功。在恒道中悟变道，在变道中参常则，"人"与"天"相资为用，相机而行。时时损益且鼎革之。此存"文化"演变之大义。

中华文明源远流长，含摄深广，在悠悠之历史长河，不断摄入其他文明的诸多资源，并将其融会贯通，从而返本开新、发闳扬光，所有异质元素，俱成为中华文明不可分割的组成部分。古有印度佛教文明的传入，并实现了中国化，成为华夏文明整体的一个有机部分。近代以降，西学东渐，一俟传入，也同样融筑为我们文明的固有部分，唯其过程尚在持续之中。尤其是20世纪初，马克思主义传入中国，并迅速实现中国化，推进了中国社会的巨大变革……

任何一种文化的传入,最基础的工作就是该文化的经典文本之传入。因为不同文化往往是基于不同的语言,故文本传入就意味着文本的翻译。没有文本之翻译,文化的传入就难以为继,无法真正兑现为精神之力。佛教在中国的扎根,需要很多因缘,而前后持续近千年的佛经翻译具有特别重要的意义。没有佛经的翻译,佛教在中国的传播就几乎不可想象。

随着中国经济、文化之发展,随着中国全面参与到人类共同体之中,中国越来越需要了解更多的其他文化,需要一种与时俱进的文化心量与文化态度,这种态度必含有一种开放的历史态度、现实态度和面向未来的态度。

人们曾注意到,在公元前8世纪至公元前2世纪,在地球不同区域都出现过人类智慧大爆发,这一时期通常被称为"轴心时代"。这一时期所形成的文明影响了之后人类社会2000余年,并继续影响着我们生活的方方面面。随着人文主义、新技术的发展,随着全球化的推进,人们开始意识到我们正进入"第二轴心时代"(the Second Axial Age)。但对于我们是否已经完全进入一个新的时代,学者们持有不同的意见。英国著名思想家凯伦·阿姆斯特朗(Karen Armstrong)认为,我们正进入第二轴心时代,但我们还没有形成第二轴心时代的价值观,我们还需要依赖

"瑜伽文库"总序

第一轴心时代之精神遗产。全球化给我们带来诸多便利，但也带来很多矛盾和张力，甚至冲突。这些冲突一时难以化解，故此，我们还需要继续消化轴心时代的精神财富。在这一意义上，我们需要在新的处境下重新审视轴心文明丰富的精神遗产。此一行动，必是富有意义的，也是刻不容缓的。

在这一崭新的背景之下，我们从一个中国人的角度理解到：第一，中国古典时期的轴心文明，是地球上曾经出现的全球范围的轴心文明的一个有机组成部分；第二，历史上的轴心文明相对独立，缺乏彼此的互动与交融；第三，在全球化视域下不同文明之间的彼此互动与融合必会加强和加深；第四，第二轴心时代文明不可能凭空出现，而必具备历史之继承和发展性，并在诸文明的互动和交融中发生质的突破和提升。这种提升之结果，很可能就构成了第二轴心时代文明之重要资源与有机部分。

简言之，由于我们尚处在第二轴心文明的萌发期和创造期，一切都还显得幽暗和不确定。从中国人的角度看，我们可以来一次更大的觉醒，主动地为新文明的发展提供自己的劳作，贡献自己的理解。考虑到我们自身的特点，我们认为，极有必要继续引进和吸收印度正统的瑜伽文化和吠檀多典籍，并努力在引进的基础上，与中国固有的传统文化，甚至与尚在涌动之中的当下文化彼此互勘、参照和接轨，努力让印度的古老文化可以服务于中国当代的新文化建设，并最终可以服务于人类第二轴心时代文明之发展，此所谓"同归而殊途，一致而百虑"。基于这样朴素的认识，我们希望在这些方面做一些翻译、注释和研究工作，出版瑜伽文化和吠檀多典籍就是其中的一部分。这就是我们组织出版这套"瑜伽文库"的初衷。

由于我们经验不足，只能在实践中不断累积行动智慧，以慢慢推进这项工作。所以，我们希望得到社会各界和各方朋友的支持，并期待与各界朋友有不同形式的合作与互动。

"瑜伽文库"编委会
2013年5月

"瑜伽文库"再序

经过多年努力,"瑜伽文库"已粗具体系化规模,涵盖了瑜伽文化、瑜伽哲学、瑜伽心理、瑜伽冥想、体位和呼吸、瑜伽疗愈、阿育吠陀瑜伽乃至瑜伽故事等,既包含着古老的原初瑜伽经典,又包括了现代的瑜伽实践文化。瑜伽,这一生命管理术,正在滋养着现代的瑜伽人。

时间如梭,一切仿佛昨日,然一切又永远不同。自"瑜伽文库"设立起,十余年来,世界巨变如沧海,无论是个人,还是环境、社会,抑或世界,正经历着种种影响难以估量的重大全球性事件。尤其庚子肇起,世界疫情严重,全球化进程突变,经济危机一触即发。在这个进程中,有压力是人们普遍的感受。这个压力来自个人的工作,来自家庭的关系,来自社会的变故,来自身体的透支,来自自我的反省,来自世界的不确定性。伴随着压力的是不知所措,更严重的则是无力或无奈,是生命在追求确定性过程中的某种虚幻和漂浮。

不确定性，是我们的世界普遍的特征。我们总是渴望确定。但在这尘世间，种种能量所建构起来的一切，都是变动不居的。我们人所赋予的一切的名相都是暂时的、有限的。我们需要适应这不确定性。与不确定性为友，是我们唯一的处世之道。

期盼，是我们每个人的自然心理。我们期盼世界和平，期盼身体康健、工作稳定，期盼家庭和睦、关系美好，期盼良善的安身立命。

责任，是我们每个人都需要面对、需要承担的。责任就是我们的存在感，责任越大，存在感越强。逃避责任或害怕责任，则让我们的存在萎缩。我们需要直面自身在世上的存在，勇敢地承担我们的责任。

自由，是我们每个人真正的渴望。我们追求自由，即是追求无限、追求永恒。从最简单的身体自由，到我们在日常生活中种种的功能性自由，到终极存在中内心获得安住的自由，自由即是无限。

身份，是我们每个人都期望确定的。我们的心在哪里，我们的身份就在哪里。心在流动，身份也不断在转变。但我们渴望恒久的身份，为的是在尘世中的安宁。

人是生成的。每一个个人做好，社会就会做好，世界

"瑜伽文库"再序

就会做好。而个人自己做好,首先和必要的就是要身心安宁。身心安宁,首先就需要一个健康的身体。身体是我们在这世上存在的唯一载体,唯有它让我们种种生活的可能性得以实现。

身心安宁,意味着我们有着抗压的心理能量,有着和压力共处的能力,有着面对不确定的勇气和胆识,有着对自身、对未来、对世界的期盼,意味着对生活的真正信心,对宇宙的真正信心,对我们人的真正信心。有了安宁的身心,我们才能履行我们的责任,不仅是个体的责任,也是家庭的责任、社会的责任、自然和世界的责任,拥有一种宇宙性的信心来承担我们的责任。在一切的流动、流变中,"瑜伽文库"带来的信息,可以为这种种的责任提供深度的根基和勇气,以及人的实践之尊严。

"瑜伽文库"有其自身的愿景,即希望为中国文化做出时代性的持续贡献。"瑜伽文库"探索生命的意义,提供生命实践的道路,奠定生命自由的基石,许诺生命圆满的可能。她敬畏文本,敬畏语言,敬畏思想,敬畏精神。在人类从后轴心时代转向新轴心时代的伟大进程中,为人的身心安宁和精神成长提供她应有的帮助。

人是永恒的主题。"瑜伽文库"并不脱离或者试图摆脱人的身份。人是什么?在宏阔的大地上,在无限的宇宙中,人的处境是什么?"瑜伽文库"又不仅仅是身份的信息。相反,透过她的智慧原音,我们坦然接受我们人的身份,但又自豪并勇敢地超越人的身份,我们立足大地,但我们又不只是属于大地的;我们是宇宙的,我们又是超越宇宙的。

时代在变迁,生命在成长。人的当下的困境,不在于选择什么,而在于参与、在于主动的担当。在这个特别的时代,我们见证一切的发生,参与世界的永恒游戏。

人的经验是生动活泼的。存在浮现,进入生命,开创奋斗,达成丰富,获得成熟,登上顶峰,承受时间,生命重生,领略存在的不可思议和无限的可能。

"瑜伽文库"书写的是活生生的人。愿你打开窗!愿你见证!愿你奉献热情!愿你喜乐!愿你丰富而真诚的经验成就你!

"瑜伽文库"编委会

2020年7月

导 言

瑜伽（Yoga）是一条生命的道路，帮助我们通向生命的成长和圆满。在这条道路上，瑜伽的一个核心意思是"联结"。在通常的意义上，人们把这种"联结"理解为人与人之间、人与物之间、人与社会之间、人与自然之间、人与内在自我之间以及人与超越者之间的一种联结。这是在非常泛化意义上的理解。但事实上，在传统瑜伽中，这种联结不是随意的，更不是泛化的，而是服务于人的生命最高的目标，即觉悟，或者三摩地。

瑜伽是一个大家族。根据费尔斯坦（Georg Feuerstein）所述，瑜伽家族有很多成员，瑜伽人比较熟悉的如胜王瑜伽（Raja Yoga，王瑜伽）、行动瑜伽（Karma Yoga）、虔信瑜伽（Bhakti Yoga，巴克提瑜伽）、哈达瑜伽（Hatha Yoga）、智慧瑜伽（Jnana Yoga）、曼陀罗瑜伽

（Mantra Yoga）、坦陀罗瑜伽（Tantra Yoga）等。其中，坦陀罗瑜伽包含了昆达里尼瑜伽（Kundalini Yoga）、消融瑜伽（Laya Yoga，拉亚瑜伽）。

瑜伽家族中的不同成员各具特色。胜王瑜伽，通常基于帕坦伽利《瑜伽经》的八支，即禁制、劝制、坐式、调息、制感、专注、冥想和三摩地，核心是通过冥想达成三摩地或觉悟。行动瑜伽，其目的在于通过无私的服务性行动而达成觉悟，这种类型的瑜伽适合那些没有特别的时间从事专注和冥想的人，不过，它作为一种瑜伽的精神，则适合所有瑜伽人。虔信瑜伽的目的在于通过臣服于神圣者而达成觉悟，这种瑜伽比较适合那些把终极实在理解为人格而不是非人格的瑜伽修习者。智慧瑜伽，侧重于在真和不真之间的分辨（viveka）。曼陀罗瑜伽修习者，则是通过反复念诵神圣的音节。而坦陀罗瑜伽的目的是通过观想、精微能量的管理、凡圣一如的知觉认同而达到觉悟。

在当今时代，最为流行和时尚的瑜伽则是哈达瑜伽。哈达瑜伽，也称为力量瑜伽、阴阳瑜伽、日月瑜伽，是通过身体来达成觉悟。但当代哈达瑜伽和传统哈达瑜伽有较大的区别。当代哈达瑜伽的立足点和主要目的是身体，而非觉悟或三摩地。它迎合时代的需要，以至于普通大众谈论瑜伽时，就是在谈论哈达瑜伽。但是，对于瑜伽，我们应该要有完整的、全面的认识。无论是在文化层面,还是在哲学、身心整体健康等层面,我们都不能把瑜伽局限于当代体位为主的哈达瑜伽。

我们的时代比历史上任何一个时代都更加特别。我们的时代充满海量的信息,这些海量的信息常常让人们难以应对,它们或真或假,或有重大价值,或只是会占据你大量时间的垃圾。世界的不确定性越发严重,百年未有之大变局正在发生。我们需要迎接这个变动的时代之挑战,我们需要参与大历史的进程,我们需要活出我们自身的小生活,最终我们需要的是成就我们的人生,觉悟人的生命的真相。因之,我们需要一种智慧,需要一种知识的知识。智慧瑜伽,就为我们获得这种知识的知识提供了一条有效的进路。

最初被视为智慧瑜伽的可以说是古代数论哲学。根据数论哲学,包括宇宙在内的整全有两个独立的实体,一个是原人(purusha,普鲁沙),一个是原质(prakriti,自然)。原人具有意识的特征,而原质没有任何意识。数论哲学主张拥有肉身的人是原人和原质的"混合"。人的痛苦、烦恼等是因为人们"错误地"把原人"认同"于原质。基于数论哲学,觉悟就是要认识到这种"认同"是错误的,是一种无知、无明,要让原人归原人、让原质归原质，而当原人和原质分离时，人就进入了三摩地，即独存之境。这就是基于数论哲学的智慧瑜伽。

而在印度六派哲学中，生命力最为强大的哲学派别是吠檀多派。吠檀多派也是唯一从古延续至今并继续发展的哲学流派。有人说，它在历史发展中吸收了数论派的重要思想，但它最终超越了数论。与之相应，从瑜伽哲学的角度看，人们所理解的智慧瑜伽不再是基于数论哲学，而主要是基于吠檀多哲学。某种程度上，我们也可以说，智慧瑜伽是吠檀多哲学的通俗说法。

吠檀多哲学的思想源头是诸吠陀经，以诸奥义书、《梵经》《薄伽梵歌》为代表。在思想发展史上，哲学家、思想家，如蚁垤（Valmlki）、跋达罗衍那（Badarayana）、高德帕达（Gaudapada，乔荼波陀）、商羯罗（Sankara）、维迪安拉涅（Sri Vidyaranya）、辨喜（Vivekananda）、奥罗频多（Sri Aurobindo）、拉马那（Maharshi Ramana）、尼萨格达塔（Sri Nisargadatta Maharaj）、戴阳南达（Swami Dayananda）等，都为智慧瑜伽的发展做出了重要贡献。

中国大陆已经出版了多部有关智慧瑜伽的经典，比较重要的有《五十奥义书》《九种奥义书》《圣教论》《示教千则》《智慧瑜伽——商羯罗的〈自我知识〉》《至上瑜伽——瓦希斯塔瑜伽》《直抵瑜伽圣境——〈八曲仙人之歌〉义疏》《薄伽梵歌》《瑜伽喜乐之光——〈潘查达西〉之"喜乐篇"》《意识瑜伽》《瑜伽之路》等等。但智慧瑜伽的经典介绍还远远不够，需要有更多人深入其中，引介之、论述之，甚至在中国文化背景下发展之。

非常荣幸的是，在我们选编"瑜伽文库"的过程中，遇到了不少爱好智慧瑜伽的导师、朋友，他们肯定"瑜伽文库"的价值，并愿意为它添砖加瓦。一个偶然的机会，和尊敬的祥俩南达·达士（Shyamananda Das）相遇相识。先生长期修习虔信瑜伽和智慧瑜伽，臻达极高的境界，出版了若干作品，如《拙火瑜伽》《瑜伽笔记》《智慧瑜伽》等。先生向"瑜伽文库"推荐了他的书，并慷慨捐出了中文版权。现在摆在读者面前的这部《智慧瑜伽之路》，就是先生献给文库的瑜伽智慧珍宝。

《智慧瑜伽之路》共分十章。

第一章以非常简洁的文字和通俗的方式介绍了印度哲学的概貌。

第二章是吠檀多哲学的集大成者、智慧瑜伽大师商羯罗的生平。

第三章介绍商羯罗的吠檀多不二论哲学，提纲挈领地介绍了商羯罗哲学的精髓。

第四章则是对《分辨宝鬘》经文的中文翻译。《分辨宝鬘》是商羯罗哲学的精华,有兴趣深入了解的读者,也可以参考我们对《分辨宝鬘》的另一翻译和注释本:《智慧瑜伽之光》。

第五章是对《吠檀多精髓》一书的介绍。

第六章是对《自我知识》经文的中文翻译。对这部作品的释论,感兴趣的读者,可以参考"瑜伽文库"中的《智慧瑜伽商羯罗的〈自我知识〉》一书。

第七章是对商羯罗一系列问答的中文翻译。对于各种常见的吠檀多修习问题,商羯罗提供了非常清晰而简明的回答。

第八章就《薄伽梵歌》中的吠檀多思想做了梳理。

第九章介绍吠檀多派中的希瓦崇拜。

第十章介绍吠檀多派中的毗湿奴崇拜。

祥俉南达先生的这本《智慧瑜伽之路》通俗易懂,但却传递了智慧瑜伽深奥的哲理。根据商羯罗,人的最终觉悟建立在我们的分辨之智慧基础上。我们在世上生活,一切痛苦、烦恼、不安的根源是我们的无知,是因为我们对真实自我的无明。商羯罗吠檀多不二论哲学主张,包括我们人在内的存在的一切都是统一的,这个统一的源头就是非位格的绝对意识,也即梵。

导 言

智慧，Jnana，意思是"知识"。但这种知识不是关于"对象"的信息，而是和人的生命觉醒、觉悟、自由、真相有关的知识或智慧。这种知识把生命从黑暗带向光明、从有限带向无限、从束缚带向自由。

智慧瑜伽的核心是分辨（viveka）。通过分辨，明白什么是真，什么是虚幻非真。商羯罗哲学主张，除了梵，即绝对意识，一切非真；个体灵魂（jiva）本质上就是真我，即阿特曼（atman）；阿特曼就是绝对意识，即梵。当我们分辨了自我是梵，并安住其中，生命就会超越生死，获得觉悟和自由。而唯有梵是真，自然地，构成我们身体的、那些短暂且必定腐朽的东西非真。这个真，显然是在永恒的存在才为真的层面上的真。

这个世界普遍存在着烦恼、痛苦和不安，当然也同时存在着幸福、快乐和喜悦。但痛苦、喜悦等本身并不存在，并没有本体的意义，它的存在只基于人的经验。同样的经验，对有些人是痛苦的，对有些人则是快乐的，而有些人则完全无感。人的痛苦等经验来自人的接触，但接触不等于痛苦等，只有在人们对这种接触所获得的经验给予某种判断之后，才有了所谓的痛苦等感受。只不过，痛苦等经验有其背后的原因。商羯罗的哲学就致力于揭示这背后的原因。

在这个世界上,对于我们每个生命来说,困境和不安都是真实的。破解生命的困境、找到生命安稳的磐石,则需要我们行动和参与。如何跟随一条分辨的智慧之道路呢?现在到了我们最需要冷静洞察的时候了。

借助这本《智慧瑜伽之路》,我愿意用我的灵魂呼请所有的真挚、真诚的生命,面对这世上所有的风,敞开大门,让真实的智慧进入我们的生命。

王志成

2021年5月1日于浙江大学

目 录

序 言……………………………………001

第一章 印度哲学提要……………………………001
第二章 商羯罗生平………………………………009
第三章 商羯罗的不二论哲学……………………014
第四章 商羯罗的《分辨宝鬘》…………………032
第五章 《吠檀多精髓》解说……………………102
第六章 商羯罗的《自我知识》…………………125
第七章 商羯罗问答录……………………………145
第八章 《薄伽梵歌》中的吠檀多………………162
第九章 吠檀多中的希瓦崇拜……………………177
第十章 吠檀多中的毗湿奴崇拜…………………186

后 记……………………………………197

序 言

感恩认识了我的贵人——王志成教授，得机会使我的一些文章跟国内的朋友共同分享，也有缘为瑜伽的传承，尽绵薄之力。

真正的瑜伽之路是一条曲折又有重重阻碍的上山陡路，数千年来，世世代代无数人想要爬到山顶去，但真正能够上到最高峰的又有几人！现代的西方快餐文化当道，令修持践行之路更加难走了！

在艰难的瑜伽四大践行之路即胜王瑜伽、智慧瑜伽、行动瑜伽和虔信瑜伽中，智慧瑜伽是最难走的一条路。

智慧瑜伽之所以难修是因为你要用你的思维去否定你自己的思维，你要用你已经懂得的逻辑去否定这些逻辑，有如你要用自己的手把自己提起来。这要如何才能做到？这就是智慧瑜伽难修的原因。

根据吠檀多哲学，宇宙中最大的能量"梵"是永恒不变的"真智乐"（sat-chi-ananda），其他的一切都只是因为梵的能量在无明的反射下所生出来的虚幻人间，即所谓的"摩耶幻象"。如今，人们生活在幻象之中，并且被幻象支配了无数个世代，人们的思考方式及所有的感官都是幻象的一部分，智慧瑜伽要我们用这个幻象的思考去否定这个思考，这不是永远都做不到吗？就如同你坐在一艘静止不动的小帆船上，四周无风，你要用自己口中吹出的风去吹动这艘小帆船，结果小帆船纹风不动。也就是说梵是不可知的，是无限的，而我们每一个人都是有限的，如果我们这些有限的小个体可以去认识并且理解这个无限的梵，那么，这个梵就不再是无限的了，它也变成有限了。

那么学习智慧瑜伽有什么用呢？学习智慧瑜伽必须和其他三种瑜伽一同学习。学习智慧瑜伽是学习用头脑去深入明了瑜伽的一种方法，因为智慧瑜伽是帮助你在修行中进入禅定的最佳方法，这就是智慧瑜伽最大的功能。成功只有一个方法，就是不断地练习，不断地进步。

东方的哲理重亲证。必须自己真正有了那个直接的精神状态之后，才能明白什么是"梵"，不然，都是白谈，而这正是西方人称我们为神秘主义的原因。但经过数千年的历史证明，这个神秘的亲证过程，是完全存在并且真确的，曾发生在全世界的任何地方，差别只在于你是否努力！

序 言

"真我"和"假我"是一个永远不能共存的真实现象，目前我们都以"假我"生活在这个世界上，所以"真我"在哪里我们都还没有找到，某一天当我们用瑜伽的方法找到"真我"时，"假我"自然就消失了，虽然因为业力的关系，我们还不会马上死去，但那时的假我已经完全不重要了！

瑜伽的出家修行者叫作"斯瓦米"（Swami），他们都穿橘红色的衣服，那代表他们的"假我"也就是肉身都已经被火烧掉了，他们都完全放弃了对假我的一切欲望，只追求内在真我的出现。

我的这本著作，是对一些古时瑜伽圣哲作品的翻译介绍，其作用也是帮助大家在求知的道路上走得快些，早日丢弃假我，找到真我，希望对你有一些小小的帮助。

"吠檀多不二论哲学"不是传统意义上的哲学，而是修行的方法提示，真正的吠檀多是亲证，至为重要，请慎思。

商羯罗的有些表达体现了那个时代的特色，诚然，有些观点并不符合辩证唯物主义的观点，对当下中国多数人来说并不容易理解或难以接受，我们保持原文，仅供读者参考，以更完整地了解印度古典哲学。

祥玛南达·达士（Shyamananda Das）

2020年9月2日于美国洛杉矶

第一章
印度哲学提要

一

印度在亚洲南部,被称为次大陆,本是一块独立的大地。在地球表面板块运动时,由南半球逐渐向北漂移,终于,和整个欧亚大陆板块结合并不断地向上推挤,形成了现在全世界最高的地表——喜马拉雅山脉。印度,就在这块一面高山三面环海的独特地形上产生出一种非常独特的灵敏之气,成为很多哲学和宗教的发源之地。

古时候的印度土地辽阔,包括了现在的印度、巴基斯坦、孟加拉、尼泊尔和不丹等国。整个印度次大陆,总面积约430万平方公里。地表上地形复杂,有高山、高原、平原、谷地、森林、草原、河川、湖泊、洞穴、三角洲、冲积台地及海洋，甚至还有沙漠、荒原等。而在北方高耸的喜马拉雅山脉，既保护又阻止了外来的一切影响，使印度文化形成有了一贯性。

就在这片广阔、富饶、炎热、多雨、多河、多海的大地上，历代的各民族人民创造了极为独特、奇异的文明。该文明至少已有大约5000年的悠久历史。

5000多年前，在印度河流域，土生的达罗毗荼人，因为他们生产力的发达以及城市制度的建立，已建立非常进步的文明，即印度河流域文明，包括吠陀文明和婆罗门教神明的原始形态均已成形，在维持了约1700年之后，因为被北方雅利安民族侵入而走向灭亡。

二

在印度河流域文明没落之后，继之而兴起的是由雅利安人所创造的、充满宗教信仰色彩的前吠陀文明。雅利安人由中亚大规模进入印度后，带来了他们的宗教文明，加上和当地土著的交流互相影响之后，创造了印度文化最根本的根源"吠陀文明"。

讲述吠陀文明的书最重要的有四部：《梨俱吠陀》

《娑摩吠陀》《夜柔吠陀》和《阿闼婆吠陀》。其中，《梨俱吠陀》最古老、最原始。其他三部吠陀是《梨俱吠陀》的复述和发展。在梨俱吠陀时代，已有了哲学的基本概念。例如：宇宙起源说、世界本原说、有无说、非有非无说、四种姓说、意识起源说、原人说、灵魂说、生死轮回说、如幻说等等。这些哲学问题，概括起来就是物质世界如何形成、精神世界如何产生的哲学根本问题。在回答这些哲学问题的过程中常见两种不同观点的神学家和哲学家。一派认为有一个至高无上的巨大能量，是宇宙的本源，物质世界是由这个能量（神）所创造的。另一派则认为"世界先有，诸天后起"，在有这些神明之前，世界就已经存在了。宇宙是基于物质元素而形成的，这两派形成了最初的唯心主义和唯物主义，成为哲学开始演进的基础。

三

在吠陀经之后，奥义书哲学继承和发展了吠陀哲学，并且由此衍生出众多的哲学流派。这些哲学流派传统上划分为两大系统："正统哲学系统"和"非正统哲学系统"。

凡是承认吠陀文献的权威性和神圣性的哲学流派属于正统哲学系统，被称为"正统哲学"。凡是否认吠陀文献的权威性和神圣性的哲学流派则属于非正统哲学系统,被称为"非正统哲学"。

正统哲学系统中主要有所谓六派哲学:(1)数论哲学(Sankhya);(2)瑜伽论哲学(Yoga);(3)正理论哲学(Vaisheshika);(4)胜论哲学(Nyaya);(5)前弥曼差哲学(Purva Mimnsa);(6)后弥曼差哲学(Uttura Mimansa)。

非正统哲学系统中主要有耆那教(Jainism)哲学、佛教(Buddhism)哲学、顺世论哲学以及所谓外道六师哲学等。

在正统和非正统两大哲学系统中,最重要的哲学观念是:一个持有"永恒的真理",一个持有"断灭的真理"。佛家称前者为常见,称后者为断见。在印度哲学的发展过程中,所有的基础都是沿着这两个理论来发展的。正统六派肯定存在着一个永恒的精神实体,虽然它们会用不同的名称来阐述它。而非正统哲学则是否定有一个永恒精神实体的存在。但这一切都起源于最初的吠陀经,故吠陀经是一切哲学系统的基础。印度上古经典"吠陀"中的"有"与"无"的概念可追溯到《梨俱吠陀》。在原始的神话中,在"有"和"无"还没分开之前,是有一个"彼一"的概念,"彼一"既不是有,也不是无,只是一个原始的概念。但是它们都属于正统的婆罗门传统。后来"有""无"分家，是从奥义书开始的。奥义书认为"有"是一个无限的绝对能量，但外道派认为"无"是一个无限的绝对能量。所以在世界之初，"有"与"无"均为宇宙的根本原则，彼此是没有差别的，说的是同一个东西。它们之间彼此关联着，就像一张纸的两面。正统的婆罗门哲学家看到的是纸的这一面，而佛教哲学家看到的则是纸的另一面。

四

在正统哲学系统的六派哲学中，最后的一派称为后弥曼差派，通常又叫作吠檀多派。梵语Vedanta，音译"吠檀多"，意为"吠陀终结"或"吠陀总结"，是特指奥义书而言的。奥义书出现在吠陀经之后，也是对吠陀哲理的总结。故奥义书，就是吠檀多。反之亦然。而专门研究奥义书的学者也因此而得名"吠檀多学派"或"吠檀多哲学家"。后弥曼差派是根据吠檀多哲理来讨论宇宙生命现象的学派，这种用永恒真理的智慧以修到"瑜伽"的方法，就被称为"智慧瑜伽"或"智弥曼差"。

瑜伽的梵文是"Yoga"，原义为"结合"，就是将两样东西合在一起。"瑜伽派"是属于正统六派中的一派，事实上，瑜伽是早在有哲学派别之前甚至在吠陀经之前就已经存在于先民中的一种修炼方法。当最早的那些圣者、仙人或苦修者，放掉一切感官的享受而专注于内心的观想时，在完全深入到内心的纯意识时，就会产生一种非常独特的精神状态，这个独特的精神状态完全不同于醒着、做梦和无梦这三种每个人都有的经验，是一种一般人完全不能想象的经验。在这一经验中，真正的我（真我、阿特曼）会显现出来和宇宙中那个最巨大的原始能量互相结合，这种真我和巨大能量结合的方法，就叫"瑜伽"。

这是正统哲学的说法。非正统哲学如佛家说在行深（冥想）到最深的那个纯精神状态时（禅定），是"照见五蕴皆空"的，因看清楚了宇宙万象都非真实，故"我"能够解脱，不再落入六道轮回中，因为那也是空。所以，瑜伽本身就是一种"方法"。瑜伽早在5000年前就已出现，但直到公元2世纪时，由瑜伽圣者帕坦伽利将修行的方法写成了一部共有196句的《瑜伽经》以后，才正式被命名为"瑜伽派"，也成为正统六派中的一派。

在瑜伽修行内本来并没有不同的分支，直到《薄伽梵歌》的出现。在《薄伽梵歌》中，克里希那向人们传达了综合的瑜伽思想，即为了适合不同人的修行，瑜伽提供了四条不同的道路，分别为胜王瑜伽、虔信瑜伽、行动瑜伽和智慧瑜伽。胜王瑜伽是用专注内心观照的冥想方式去达到瑜伽修行的，是最传统最原始的瑜伽修行方法，是一条走上瑜伽的王者之路，故称为胜王瑜伽。虔信瑜伽是用一个完全不变的心，全心全意地去接受宇宙唯一真神的方法而达到瑜伽修行的，对神的完全臣服变得完全无我，完全无我即达瑜伽。行动瑜伽就是六派哲学中的前弥曼差，是用祭祀仪式方式及苦行修得瑜伽的方法。智慧瑜伽就是六派哲学中的后弥曼差，是经过哲学钻研、理解以得到永恒真理之后而解脱的方法。故后弥曼差也被称为智弥曼差，也被称为智慧瑜伽。

要用冥想去达到三摩地必须有很多前期的修行准备，省掉那些前面的基础修行是不可能在冥想中达到三摩地的。那些前期的修行最主要的目的就是"无我"，当一个人没有了私我之后才能有"真我"，这就是前期修行的重要。而前期修行随着每一个人性格的不同必须采用不同的方法，这就是不同瑜伽分支出现的原因了。

五

吠檀多发展成为一个有影响力的哲学派别是在公元7到

8世纪之间,因乔荼波陀(Gaudapda)和商羯罗(Sankara)这两位吠檀多大师先后出现之后而形成。他们所发展的吠檀多派也被称为智弥曼差派(Jnanamimansa)。

乔荼波陀是商羯罗的师祖,商羯罗继承师祖的衣钵,成为吠檀多哲学的集大成者,两位大师以他们对奥义书的诠释和论点奠定了吠檀多派的理论基础。与此同时,他们充分利用佛教复杂而缜密范畴系统来提升吠檀多的理论,使它成为在宗教界和哲学界的一个新的引导力量,从而出现了现代所谓印度教的复兴并使佛教完全离开了印度本土。直到今天,它都是全印度人民的人生观和世界观形成的思想基础。智慧瑜伽或吠檀多哲学或智弥曼差被称为"永恒的真理",是学习瑜伽的人必须学习的经典圣本。

第二章
商羯罗生平

一代宗师——神圣、迷人、童贞的大师——商羯罗，是一位圣者、哲学家和诗人。但他只活了32岁即英年早逝。在不重视历史的印度，人们对他的了解相对较少。

他大约在公元786年出生于印度南方的喀拉拉邦、马拉巴尔河岸的卡拉迪（Kaladi）。现在在卡拉迪村里还保存着商羯罗家庭遗迹和他母亲的火葬场所。在遗址地还设有商羯罗的祭社。商羯罗家族属于喀拉拉邦所特有的被称作"拉母菩提民"的婆罗门阶层。

他十岁的时候已经成为一位讲经的专家。他不仅读完了当时大量的经典，并且为其中很多的经典做了评注。其中，《梵经注》《薄伽梵歌注》《大林间奥义书注》《唱赞奥义书注》等特别重要。

由于对知识的渴求，他不满足于当地老师的教导；他也看到当时整个印度社会中婆罗门这个种姓对物质生活奢华的追求而已忘掉追求真理的重要，乃放弃一切，出家成为一位云游者，以恢复婆罗门教的奥义书精神为目的。

他父亲的去世，使他更体会到生与死的意义，于是他写出了叫作《打破迷梦》（*Moha Mudgaram*）的诗：

何人是汝妻？何人是汝子？世界如此奇妙。

汝是谁？由何处来？无知如是，吾爱。

细思此事并敬拜吾主，看看人们愚钝的一生：

儿时抢玩具，少时争性欲，老来怕性命，从不思吾主！

日时飞逝，四季凋落，生命衰退，却还在期待帮助的到来！

生带来死，死带来再生，此不需证实。生而为人，汝快乐否？

这一生起伏不定，一如莲叶上的水珠。

到如今圣者指示，如何在生死大海制造生机。

当皮肤皱，当发灰白，当齿落尽，当人老时，已如风中残柳，欲望之杯却仍然满盈。

第二章　商羯罗生平

汝儿令汝苦，钱财无保证，家庭靠不住，青春不管用。

这一切将会改变。

知此即解脱，知主得福佑，不求平静不求吵，不靠亲戚不求友。

噢！我的爱，如能解脱！全部解脱！

商羯罗此时得到他母亲的许可出家修行，但答应在母亲去世前回来见她，经过妥善的安排，他出发寻找良师。

在罗拿远的河畔上，他找到了当时最有名的哲学大师——圣者乔荼波陀（Gaudapada）。他是一位已证得真我的宗师。商羯罗请求大师替他开光，大师拒绝了他。因为大师已对"梵"立下了不再收徒的誓言。于是大师叫他最有名的徒弟——高文达帕达（Govindapada）收商羯罗为徒。高文达帕达大师为商羯罗开光并传授他冥想和瑜伽的全部方法。在很短的一段时间，商羯罗就完全觉醒了。于是他开始周游全国并开始授道。

某日清晨，他到恒河去沐浴，他的道路正好被一个贱民带着四只大狗阻挡了。按照当时社会上的习俗，无种姓的人必须让路给高种姓的婆罗门。但这个贱民完全不理这个习俗，双方僵持不下。商羯罗的弟子试图赶走这个人。

这个贱民说:"如果说只有唯一的梵时,为什么会有那么多不同阶层的人呢?"商羯罗满心羞愧和抱歉,他真诚地拜倒在那个贱民的脚前。此事引导他写出最好的颂诗《喜之浪花》,共有五段对颂,每一段对颂都如此写着:"能够认识到唯一的存在充满于世者,他就是吾主——不论他是婆罗门或是不可触摸的贱民。"

商羯罗开始训练教师,再由教师教导学徒。其中的曼达迷士拿,是非常有名的哲学家,当时还是一位居士,在印度极受欢迎。

商羯罗决定去和他辩论。当商羯罗到他家的时候,大门是紧扣住的。当时,曼达迷士拿正在做一个宗教仪式,不愿被打扰。商羯罗和一个十几岁的淘气男孩一同爬墙跳入院内。曼达迷士拿在人群中藐视了他。他反对那些出家人,尤其还是这么年轻只有十几岁的人,他讽刺地说:"哪里来的光头疯子?"

"你有眼睛来看的呀,先生。"商羯罗傲慢地回答道,"光头是由颈子上来的呀!"

听到此话,曼达迷士拿发火了,但商羯罗继续揶揄他。最后,两人决定以"出家修行"或是"在家修行"为题办一场辩论会。如果商羯罗输了,他必须还俗。如果曼达迷士拿输了,他就必须出家。这场辩论会一共办了七天。

曼达迷士拿的太太巴罗太作为辩论公证人。最终，商羯罗说服了曼达迷士拿，使他知道出家修行的优点。曼达迷士拿依照诺言成为商羯罗的徒弟并随他出家修行，最后成为一位著名的圣者并协助商羯罗完成《梵经注》这部伟大著作。

商羯罗在32岁时独自到喜马拉雅山的肯达那撒去朝圣，一去不复返，再也没有踪迹。在这之前，他设立了很多修道院。他是第一个在全印度设修道院的人。这种修道院制度至今还在印度被遵循着。

商羯罗是吠檀多推广者而不是创立者，他大都是注解前人的著作。而推广的也都是前人思想的总结。

商羯罗被认为是印度哲学界的三个最高峰之一，其他两人是佛陀和罗摩克里希那。

商羯罗在文字上的贡献是非凡的，他不只是诠释了吠檀多中主要的奥义书（约有12部之多）和《薄伽梵歌》，并且写出两本重要的著作，一是《示教千则》（*Updashasahasri*），一是《分辨宝鬘》（*Viveka Chudamani*）。他同时是很多颂句、祷词、诗篇的作者和吠檀多精要的定义者。不过，有学者认为《分辨宝鬘》不是商羯罗本人撰写，而是后人所写，冠以商羯罗的名字。

第三章
商羯罗的不二论哲学

哲学思想

"梵(唯一的存在、智慧和福佑)是真实的,宇宙是不真实存在的,梵和真我(内在我)是同一的。"这个颂句就是商羯罗哲学思想的中心。这个颂说的是什么呢?什么是真实什么又是"不真实"呢?商羯罗认为所有一切会改变以及最后会消失的东西都是不真实的。他追随奥义书以及他的师祖乔荼波陀(Gaudapada)的教诲:凡是不能永恒存在的智慧、真理、物体、能量都不是真实的。当我们醒着的时候,我们知道我们的梦境都是不真实的,当我们做梦时,我们醒着时的一切反而是不真实的,但是在完全

第三章 商羯罗的不二论哲学

无梦的沉睡中，以上两个情形又已完全不存在了，换句话说，不论是外在的或内在的，主观的和客观的，只要是可以改变或消失的，那就叫作"不真实"。

那么什么才是真实呢？只有我们最深的那个纯粹意识才是唯一的"真实"。那个在我们完全沉睡无梦的情形下，见证到一切发生的事情，深入我们灵魂深处不被发现的那个纯粹意识，才是真实。

我们因为"无明"，误以为这个有生老病死的肉体是真正的我，所以有无限的痛苦、无尽的烦恼。

吠檀多哲学是介于现实主义和理想主义的折中之地。西方学者的现实主义和理想主义的区别根基于精神和物质的不同，印度的哲学则是将精神和物质放在同一边，均是属于智慧的反射。商羯罗并不是简单地说宇宙是不真实的，只是我们自己心中一个领会而已。商羯罗是说这个宇宙"是"也"不是"真实的。对这个"不真实"的认识必须经过一个非常特殊的经验才能知道。当我们的灵魂被启发进入到一种纯粹意识的状况时，我们才能领悟到真我（阿特曼）的存在。这个"真我"是唯一的真实存在。至此，你才能明白，原来宇宙只是虚幻的。我（肉我）和他、和所有一切都是不真实存在的。真我和那个永恒存在而又不显现的"梵"原来是同一的。整个宇宙中的一切都只是这个梵的反射物而已。梵存在于整个宇宙之中，宇宙万象的存在，都只是披着"梵"的外衣的虚幻之影而已。

宇宙万物的存在只有当我们在醒着的时候才能够认识到，但我们醒着时本身就是虚幻的。正如同我们看到一条蛇时被惊吓了，但当你真正细查时，才发现那只是一根绳子。

故当你找到"真我"的时候，你才会知道，蛇并不存在，那只是我们误认绳子为蛇了。我们也同样误以为"梵"是宇宙万象的存在了。

宇宙之存在

商羯罗说这个宇宙的精神和物质都是不真实的，并不是说它们不存在。但是当我们进入纯粹意识之后，宇宙就不存在了。所以在你没有那个纯粹意识的经验以前这个宇宙是存在的。

商羯罗在个人的幻象和宇宙的幻象之间画出一条线来，前者他称为幻象（Pratibhasika），后者，他称为现象（Vyavharika）。例如，一个人的梦是他个人的幻象，当他醒来时，幻象就消失了。但是整个宇宙的幻象——宇宙存在的这个现象——直到他死去都不会消失，除非他得到了对梵的智慧。商羯罗对幻象和真实做出非常清楚的区

第三章 商羯罗的不二论哲学

别：幻象和真实是不可能同时出现的，幻象和真实之间是完全矛盾的，正如同一位患不孕症的妇女是不会生孩子一样。

现在我们面临一个似是而非的情形，这个宇宙到底是存在还是不存在？这个又存在又不存在的情形其实是一个事实，商羯罗称之为"摩耶"（Maya）。是这个"摩耶"造就了宇宙，其真正的基础是"梵"，正是这个永恒不变的梵经过摩耶而幻化出这个只是一堆名字和形象（名和色）的宇宙。它不是"不存在"，但也不是绝对的"存在"，它是由梵反射而出现的。故它"是"却也"不是"全真实的。但是在你没有认识"梵"的智慧之时，它是存在的，你并不能"认知"到它是虚幻的。实际上宇宙的存在是不真实的，"真我"才是唯一存在的。

摩耶，叠置现象

在哲学上最困难之处是如何认知"永恒"和"非永恒"。这个非永恒的宇宙是如何开始的？如果我们相信宇宙是永恒存在的，或认为它是被一个永恒所分出来的，或认为是被永恒所创造出来的，那么，那个"永恒"就不再是唯一的存在了。上帝用他自己去创造另一个永恒或自己时，他就不再是唯一的存在了。上帝用创造另一个他的方法去限制了他自己，永恒变成非永恒，同时出现的问题是"为什么上帝要创造宇宙呢？"对此无人可以回应。

如果我们用摩耶来解释，就可以说明这个问题。现代科学的研究就更清楚了：一个如肥皂泡一样的气泡表面有很多不规则以及起伏不平的表面。宇宙就如同这个表面的情形。气泡的中心是空的。附在表面的宇宙在过了一段时间以后就会随气泡的萎缩而萎缩，不再存在。因此，在我们以摩耶幻象来解释宇宙不是绝对的存在也不是不存在的现象时，才能符合一个气泡般的最新科学理论。这个气泡的表面是宇宙，支持气泡的就是永恒不灭的唯一永恒——梵。

奥义书说得对，梵就是宇宙出现的根本原因，不论是物质的或精神的。宇宙由梵放射而来，存在于梵，最后又复归于梵。商羯罗用不同的方法加以说明。他说："宇宙是梵的叠置，梵本身是永恒不变的、无限的，他并没变成或生出宇宙。是我们的无明，将宇宙叠置到梵上去了，就好像将蛇的影像叠置到绳子上去了一样。"

这个叠置的理论（Vivartarada）和因果论是不可分离的，因果论使得宇宙现出很多不同的面貌，这才能够构成摩耶幻象。在摩耶之下，所有的事件都具有因果关系。但因果与永恒不变的梵是没有任何关联的，要找到这些因果你必须要超越这些因果的源头才行，找到了源头才能看透摩耶。等看透摩耶时，摩耶就不再存在了，因为此时因果已失。要看透摩耶和梵的关系，必须要有超出人类现有的经验和现有的智慧才行。用现有人类的"有限"去明白梵的"无限"可以说是不可能看透摩耶和梵的关系的。

摩耶：根本的意象

商羯罗说，在宇宙中的精神和物质均是由于叠置了"梵"的唯一真实之后而形成的一种类似真实的现象，在我们没有脱离无明（进入纯粹意识的境地）以前，我们还是要生活在这个摩耶幻象之中的。只有在我们进入纯粹意识以后，才能使摩耶停止。

那么"叠置"的本质是什么呢？在商羯罗注解的"梵经注"中说，"叠置源于意识，是过去存在的现象记忆于意识之中而形成的"。我们看到蛇，因此记住了蛇，当有一天我们看到一根绳子时，就把蛇的特性加到绳子上去了。但是梵是我们从未曾见到过的，我们如何能将一个从来没有见到过的东西叠置到我们的宇宙上去呢？

对每一个人来说，叠置的产生必须要有一个前面的影像和现在的影像。"梵"并不是通过我们的眼睛看到的，"梵"其实就是我们的"真我"。经过人类灵性的自然反射,梵和宇宙产生叠置。我们外表的感官是永远看不到梵的,但在心灵的最深处,我们就是那个梵。对无明的人来说,天空是蓝色的,那只是外在器官的感知,其实那个蓝只是海水的反射叠置而已。"梵"存在于我们每天的生活中,但因为无明的原因,我们不知道。不知道并不代表不存在,其实它是存在的,存在于我们的意识之中,存在于我们的灵性之中。我们在一出生之时,就被肉体上的器官蒙蔽了。你变成了王先生或张小姐,你出生的那一瞬间已经认同了你的感觉器官,认同了你的肉体,认同了你"自己"。你把"自己"叠置在你灵魂中那个纯粹意识上去了,你再也不知道那个纯粹意识的存在,你永世变成了肉体和意识上的你。你认同了这个不实是永远的,太阳是永恒的,但这都不是真的。你身体上的器官和意识在出生的那一刻,即和"梵"叠置在一起。宇宙也就是每一个"你"所组成。故宇宙是和"梵"叠置而成的。只有在你知道这一切都只是虚幻时,直到你没有了"私我"时,真我才会出现。

宇宙的摩耶是没有开始也没有结束的,是在宇宙形成的那一刻出现的,在宇宙消失的那一刻就结束了。宇宙的存在是摩耶,人类的行程是无明。无明亦是没有开始而永远存在的,但无明可以在人类中因个人的修为而提早结束。当一个人的纯粹意识被找到时,摩耶即刻消失。

梵和自在天

"梵"是宇宙存在的最主要原因,而摩耶又把宇宙和梵叠置在了一起,故,梵是因,宇宙是果。梵并不是宇宙,梵也没有创造宇宙。梵只是唯一存在的真实。所以,梵在理论上讲也不可能有任何行为或改变。必须是一位自在天(神)才能来创造、维持和毁灭这个宇宙。这个自在天就是综合了梵和摩耶之后的产物。"神"因此有了"梵"的特质,也有了"人"的特质。

照商羯罗哲学的说法,宇宙由三种力量进化结合而成,这三种力量被称为"原动性向",也被称为"三德"(Gunas)。当这三种性向在完全平衡状态时,宇宙是不显现的;当这三种性向失去平衡时,宇宙就开始形成。宇宙万物都是由这三种性向的不同比例组合而形成,有点类似现代西方科学的"原子论"。故宇宙中一切自然物都是会消失的,唯有"真我"是不会消失的,因为真我和梵是同样的。摩耶即是一种幻象,是因为梵的叠置而产生。宇宙万物也是有生有死而不是永恒的,自在天就代表了梵,成为宇宙的创造者。

那么世界上是否有两位神呢,一位是无形的梵,一位是个人的神明?不是,因为个人的神明其实也是人类对梵的一个投影而已。个人因为无明被摩耶所惑而创造了神,因此神也是虚幻的。神绝不是梵,"神是由人类想象出来最有能力的不是人类的人"。

尊者罗摩克里希那是一位常在三摩地状态的高级修行者,他说:"梵可以看作海洋,是无止无境、无始无终的。但是,在寒冷的情形下,有一部分被冻成冰块,使无形的水变成了固定有形的冰。经过信徒们虔诚地奉爱,梵也变成了自在天。但是当智慧的光芒升起之后,宇宙马上消失,神也不再存在,只剩下永恒的梵了。个人崇拜的神是被人格化了的,所以我们就尽量向他学习,或者由内心、从感情上向他认同。这种认同就如同个人的'假我',是梵和摩耶的合成一样,个人崇拜的神也是梵和摩耶结合的结果。两者的差别是'假我',是为摩耶服务的,而神是支配摩耶的。所以个我是神也是神的仆人。在我们唯一真实的真我中,我和梵是同一的。在我的假我中,我和神是不同的,我是他的仆人。"

对个人神明虔诚的崇拜,可以引导一个人在灵性的道路上前进,最终成为一位圣人。但这并不是唯一存在的智慧。必须要超越对个人神明的崇拜之后,才能获得真正的解脱，才能看到在个人之上那个非个人化的东西。我们可以和梵融合为一，但我们永远不能变成神，因为神是高于人类之特质的。所有的人类也不可能成为控制宇宙的主宰，只有神才有那种权力。凡是想要变成神明的凡人们都是一己疯狂自我欲望之扩张。

《梵经》的作者毗耶娑（Vyasa）说过："无人可以取得创造、支配和毁灭宇宙的权力，那是属于自在天的。"商羯罗说："如果一个人经过对神虔诚地信仰而得到支配宇宙的知识，但又保有他个人的意识时，请问这个人的能量是有限的还是无限的？"有人引用古典经文的句子"他们可以进入他自己的王国"，"这些人可以得到所有神明的庇佑"，"他们所有的愿望都可以实现"。但是毗耶娑加上一句"除了支配宇宙的能力之外"，他认为，除了支配宇宙的能力以外每一个解脱者都可以有神的能力，但只有神才有支配宇宙之力。为什么呢？因为在经典中说人类是被神创造出来的，一个解脱者的能力是在用虔诚的心去奉爱神之后才得到的，所以不可能再有控制宇宙的能力了。同时，由于一个解脱者仍然保有他个人的人性特质，故有人可能去创造也有人可能去毁灭。为了不要形成这种危险的对抗，必须把对宇宙控制的能力只给一位神。结论是：解脱者也必须遵行宇宙的规则。

如果宇宙中只有一个绝对的能量——那个梵，那么谁会是先知？谁又是追寻者？谁会把梵看成为个人之神？谁又会是假我中之真我？这是一个或不是一个？当人们还在摩耶的支配中时，那个唯一的梵就变成了万物。因为无明，我们只能崇拜神明，神明就是人类能够想象出来最大的能量和最大的爱。对无限的梵，人类是无法去想象也不能去理解的。故只能去崇拜供奉能够想象出来的神，神只是梵的一个幻象罢了。透过对神的虔诚供奉，让我们的自我完全消失，叠置也因此完全消失，神和宇宙也不复存在，只剩下那个唯一存在的纯粹意识，唯一无始无终、无所不及的梵。

魔鬼的问题

所有宗教和哲学都会谈到恶魔的出现，为什么会有恶魔？神创造了恶魔吗？神不是最好的吗？在一般的西方宗教中会宽容说魔鬼是为了教育和惩罚那些有罪恶的人创造的。恶魔发动战争，制造地震、饥荒、疾病和灾难是为了惩罚人类的原罪。同时利用魔鬼去试探人类以加强他们对神的信仰。这种说法比较传统，但另一种说法是魔鬼根本就不存在。

第三章 商羯罗的不二论哲学

吠檀多哲学对以上两种说法都不完全赞同。痛苦和灾难都是我们生活中存在的经验，虽然时间不是很长，但存在。由吠檀多哲理说，只有梵是唯一的真实，故神和魔鬼都是摩耶幻象的不同呈现方式而已。只要摩耶存在，善恶就一同存在。在摩耶的宇宙中，它们是真实存在的。

"为什么神要创造魔鬼？"这个问题本身就有问题，就如同有人问"为什么神要创造快乐"一样。问"为什么神准许下雨"问题的人是属于无理的人。没有人会因为"火"会烧掉人家的房子而不用火去煮饭，所以也没有人会去说"梵"是好的或不好的。一般人所谓的善恶都是在摩耶幻象内、在宇宙幻象内的。

所谓快乐和痛苦、善与恶、美与丑都只是宇宙中最大能量的反射而已。只有在超越了摩耶，到达纯粹意识之时，才能真正找到那个唯一的存在，并由这种智慧带来超然的喜乐。西方宗教说："上帝就是神，是宇宙的创造者和控制者，是不可侵犯的天上之父，是最后的审判者，由他来决定你的对错，或奖赏或惩罚。"

吠檀多认为业力决定你是对的还是错的，这一世中你的快乐和痛苦均由你前世的业力所造成，或是你无数世业力的总和来造成。由无数世开始，业力就决定你的快乐和痛苦。

业力不会无端地多一分或少一分，如果你觉得在这一世你的努力并没有得到公平的回报，那是因为你前数世业力总和的结果，你并不知实情。你是一位国王或是一个乞丐都是由你累世的业力决定的。不用去抱怨任何人，求神也不能改变。神也不能为你解决俗世上的困难，摩耶幻象就是我们生活中因果报应的根源，神只是呈现这些现象的真实面貌者而已。

我们在一个荒凉无助的世界上，在饱受失望和痛苦时，经过圣者前辈们的告示教导，我们认知到真我的存在，改变我们对世界的看法。我们将会认识到，世界不再是一个冷酷的法庭，而是一个充满了活力的体育场。

快乐和痛苦、善与恶都是存在的，但就如同单杠或木马一样，成为我们锻炼的工具。摩耶不再是一个痛苦受难的车轮而是一个可以获得解脱的梯子。幸运或不幸都只是训练我们去求取灵魂解脱的方法。

商羯罗解说摩耶有两个层面：无明（Avidya，无知）和智慧（Vidya，知识）。无明使我们远离真我，看不见真实。智慧使我们去除障碍，进入真实。但在我们进入纯粹意识的情形之下，无明和智慧均将自动消失不见。

摩耶是因为我们将"私我"叠置到"真我"之上而形成，因为私我而形成了自我主义。所以在我们反省自我主义的行为时可以使我们向找到真我更近一步。我们重视我们的同胞，彼此真诚相对，慈悲相处，荣耀共存。在政治上和经济上，我们平等、平权，不歧视任何种族、任何等级、任何教义。如此，我们将远离自我而走向世界，使自私的自我主义消失。让美德重现，再去找到真实。而恶魔在摩耶之中深之又深，只有更努力地追寻真理，力行美德，才能破除恶魔，修得最后的解脱。

"罪恶"和"神圣"这些词语都和吠檀多哲理的根本思想有所抵触，因为这些词语都会影响到你的行为和思想，只会让你更认同摩耶的幻力。"我是梵"才是真正我们要告诉自己的，而不是"我是好人"或"我是坏人"。过度的自责和过分的自喜都将使自己更为自私，更加陷入摩耶之中。永远不要忘记，善良的美德只是一个方法而并不是智慧本身。那个完全与个人好恶无关的唯一真实才是那个智慧。人性最大的黑暗是"无明"，正义的行为与智慧之间是无关的。

终极目标

吠檀多哲学和所有其他哲学和宗教一样，是有一个终极目标的。吠檀多的终极目标就是去找到唯一的梵。问题是：我们能确定有一个梵吗？如果宇宙上没有梵呢？说不定生命根本就是出生、死亡而没有任何意义的呢？

吠檀多哲学并没有强硬地用教条来规定我们相信梵的存在，商羯罗并没有规定我们要先承认梵的存在才能去修行，他要我们自己去寻找答案。没有任何老师，没有任何经典可以代替我们去找到真实。试想你正在一个法庭上，你就是那位法官，你用心地听双方的证词。代表"梵"的那些先知、仙人们说他们已经找到梵了，看看这些人的人格特质，看看这些人生活的方式，你问你自己，这些人是伪君子？或是疯子？或是骗子？或讲的都是真诚的？然后，你做一个公正的判决。但这一切只是走向追寻的第一步。商羯罗说你一定要亲身地体验，这才是证明这一切的唯一方法。

现在的科学和吠檀多哲学关于意识的认识是不一样的。科学对意识的认定有不同的角度，宇宙万物只是因原子组成的不同而形成的。科学目前无法找到一个永恒的存在，但也无法否定这个存在的可能。商羯罗对现代科学一无所知，但是他所提出的哲理和现代科学的基础却是完全一致的。在每日的生活中，我们不断地问我们自己，"这是真的吗？""这是真实还是幻象？""这是本质还是现象?"提高我们辨别的能力成为唯一的方法,如此,终将找到答案。

我们都知道我们是存在的,我们都在找寻真正的意义,但到底什么才是真正的意义呢?存在的本身就是意义吗?只有分辨的能力才能给我们答案。"自我"或"私我"绝对不是存在的基础。"自我"不是最终,那个最终的终极纯粹意识——我们称之为"梵"的,才是最终极的意义。

我们可以称"梵"为物质或者精神吗?用平常的经验想象是不可能了解的。要了解一个东西必须对这个东西有经验才能了解它。经验是由时间、空间和因果关系来获得的。但是对梵这个纯粹意识是无法用这些因素去理解的,因为梵本身就是其他一切经验的源头。梵就是寻找智慧、智慧本身和被找到的智慧,它是不在时间、空间和因果关系之内的,它和这些都没有关系。所以,学习"分辨"能力的方法是不同于科学研究的方法的。科学家们用超过肉身的特别方法到数学、化学、生物学、物理学等领域中去研究,结果更是陷入到时间、空间和因果之中。而宗教哲学试图去脱离时间和空间这些私我的笼罩,但因此却揭开了现实面中更为自私的一面——身体和精神的关系。

商羯罗只是要告诉我们什么是根本存在的事实。那些已经得到智慧的先知们知道"他就是梵,他就是唯一的存在。他就是智慧"。解脱并不需要去追寻,智慧也不是去收获,唯一要做的只是去打破无明。将负面的分辨面纱揭开,正面的真实就自动出现。我是梵,只是被无明将我们给分开了。

纯粹意识的到达或完成"梵我一如"永远不是科学分析能理解和完成的。因为科学是用我们的感官及用"我们"的经验为基础的,而"纯粹意识"是超过感官二界的。但也不用怀疑或者盲目地信任那些先知们的话,除非我们自己达到了那个境地。只要能够专心地冥想以及用心地修行,哪怕只有一点点进步,也终究会有发掘真实和得到永恒真理的那一天。我们甚至自我催眠或欺骗自我去找到真理,但真理就在那里。修行路上起伏不定是难免的,一时的迷失也是会发生的。坚定地走下去,不要只求现在,修行中每得到的一点,都将是永恒的。

方法和系统

到达纯粹意识有很多不同的方法。在梵文中,这些方法都叫作"瑜伽",就是"和梵结合的方法"。不同的瑜伽适用于不同情形的人，每个人到达瑜伽的方法都是不同的。瑜伽的四条道路是：行动、奉爱、智慧和圣王。商羯罗的瑜伽修行就是智慧瑜伽的修行，用分辨法到达瑜伽。但是奉爱也非常重要。轮回、分辨、自我控制等都要注意。商羯罗是一位已经看破摩耶的圣人，所以他能极为清楚地用后面所要讲的颂文来带领大家找到智慧。当学生们突破魔障，看到真智慧时，就看到到处都是梵的存在。你和唯一绝对的真实是一起的。宇宙不再存在，只有真智慧在那里发光。当每个学生都找到智慧时，商羯罗就获得了最大的喜悦。

第四章

商羯罗的《分辨宝鬘》

我向高文达敬拜。

您是完美的古鲁。

您永远在福佑的恩泽之中。

俗人的感官和思想是永远无法了解到的,只有学习经典才能得到认知上的启示。

道路

生而为人是不易的,人要能够保持好的身体和好的精神更为不易。想要净化也不易,要想追寻灵性的生活更为不易。但是,学会圣典那才是最难的。如何去分辨"阿特

第四章 商羯罗的《分辨宝鬘》

曼"和"非阿特曼",再直接去领悟到阿特曼本质,再去和梵合一,以达到最终的解脱,那非要有千百世的修行才能达到。只有神的恩典,才有可能得到下列三宝——生而为人、追求解脱和求得良师。虽然如此,那些有幸生而为人,身体和精神也都健康完美,也知道要研读经典,但却不热衷于追求解脱,被生活迷惑不醒的人,是最傻的人。一个人会背经典文章,也会拜神供奉,但是如果没有能力分辨阿特曼,那么再经过百世也不能解脱。圣典上明明白白地说,工作和财富不能带给我们永生不死,只有经过弃绝才能获得解脱。

只经过工作和敬神是不能获得解脱的。所以一位有头脑的人,是不会去追求外在快乐的。他会去追寻一位真正的古鲁,完全用心去接受古鲁真实的教导。对分辨的真心追求,将使他达成和梵去合一的最高目标。阿特曼的能量将使他在茫茫苦海中救出他自己的灵魂。用内心的平静和对阿特曼的沉思去减少对外在世界的依附。

好的行为虽然能净化我们的心灵却不能指明认识真实的方向。方向是经过分辨的智慧,而不是因为好的行为。"分辨"让我们看清绳子的本质而不要让"无明"误导我们以为那是一条大蛇而恐慌。分辨的智慧只能通过古鲁指导我们做正确的冥想而得到,并不是通过斋戒沐浴,或赈济善行或练几万个体位法能得到的。

成功在于追寻者自身的品德,是花时间、用功的结果。对追求阿特曼及分辨智慧的人,请去找一位真正认识梵而又有大海一样慈悲心的上师吧!

徒弟

徒弟必须是有思想又博学,有很高的领悟能力的,对所有的疑问有能力找到答案的。有这样的素质就可以找寻认识梵的智慧。能够用平静的心和充满干劲的行为来替代找寻安乐享受的感官之时,就可以开始学习解脱。古时圣者告诉我们,当具备下列四个品质时,追求解脱可完成,反之则无成。

第一,分辨何者是永恒,何者非永恒。"梵是真实的,宇宙是非真实的"对这个概念的坚定认识就叫作分辨。

第二,放弃追求俗世的成果。"弃绝"就是不追求所有眼睛看到、耳朵听到及其他感觉器官带给我们的刺激和享受,放弃一切身体上和精神上的欲望。

第三,具备下列六种美德。"六种美德"即平静、自律、自制、忠实、自谦和自拔。

第四，追究解脱之决心。"追求解脱"由自我控制开始，再到冲破无明，最后找到真我，这就是追求解脱。追求的脚步是缓慢又温和的，但在师父的指导下，用弃绝和六种美德来修行，终会得到果实的。当一个人弃绝并追求解脱之后，得到六种美德，终将得到成果。但如果弃绝和追求解脱决心不够时，六种美德就变成了沙漠中的幻象了。在追求解脱的行为中，虔诚之心也是去找到明师最重要的方法。所以奉爱是找到真我的最好方法之一。

一位有了上述各种特质的追求解脱者，当找到明智的师父时，就能走上解脱之路了。

师父

师父是一位深入了解经典、生活纯净、不为性欲干扰、完全了悟"梵"的人。师父不断地追随梵的知识，如一盏已燃尽的油灯之火，纯净无烟；如一片"大爱之海"，没有风浪；是所有谦虚的人的朋友；当追寻者向师父献出敬爱的虔诚时，师父必以大爱、谦虚和服务以对。并且使他们得到梵的智慧。所以师父呀，您是所有追随者的朋友。请您用无边的慈悲带领我离开人生苦海，永不停止。

我正在世界森林的大火中被燃烧，无人能够熄灭此火，恶魔之风将我吹得越来越远，我充满恐惧，我唯有请求您的保护，让我逃离死亡，除您以外别无他法。

师父您纯洁的灵魂充满了慈悲和安详，带给人间希望，如同春天一样。您已经渡过了俗世的海洋，早已没有自私的思想，您只是来帮助人们渡洋的。您有伟大的人格，疗愈人们的麻烦之心，如同天上的月亮给被太阳烧焦的大地带来清凉。您的嘴唇上沾满了"梵"的恩典所带来的甜美蜜糖，您的每一句话都是纯净、舒适和愉快的灵汁甘露。

师父，我在俗世的大火中燃烧着，只要您用慈悲的眼看我一下，就可以带我进入您的思想之中。师父，我要如何才能渡过这个俗世的大海，我的终点在哪里？我要如何去做呢？我一无所知，仁慈的师父，保护我，教会我离开世间的法则，我的时间已所剩无多。

徒弟们在俗世的大火中发出来的声音，已经被拥有高尚灵魂的师父听到了。师父看到这些追求解脱的徒弟时，眼中充满悲悯的眼泪，师父要拯救这些门徒。对这些一心寻找保护、追求解脱、认真找寻快乐、心中已经安详而意识也不再激动的人，充满了智慧的圣者师父会用最大的慈悲去指导他们进入生命永恒的真实之中。

谨慎的门徒啊！不要害怕，有方法可以越过生命的海洋。古圣者先贤的方法可以帮助你渡过此海而终将解脱。用吠檀多所学到的真实来做冥想时的内涵，你就可以渡过此海并解脱，命运中的悲惨亦将随之消除。忠诚、奉爱和神合一，这些都是先知们在圣典中告诉我们的方法。

因为无明而使我误认肉体就是真我的错误导致我受苦，无明使我们在生死轮回中不得解脱，只有在有分辨何者为"阿特曼"、何者为"非阿特曼"的智慧时，才能将无明的根本去清除掉而得以解脱。

解惑

徒弟们发问："师父，请听我下面的问题，如果能在您的口中听到提示，我将会得到您的恩典。""到底是什么束缚？如何形成的？根据为何？人们如何能够脱离束缚？什么是非阿特曼？什么又是真正的阿特曼？如何在两者之间得到分辨？请明示我。"

师父回答道："你是受到福佑的，你已经快找到答案了。因为你的追求也会令你的全家一同净化，你将能够追求脱离无明的束缚并能和梵合一。"儿子可能帮他的父亲偿还债务，但没有任何人可以帮你除去无明的束缚，只有你自己才行。其他的人可以帮助减少你的支出，但无人可以停止你的饥饿。生病的人吃药可以找回健康，但这种效果是不能转到他人身上去的。看清事实要用清澈的眼睛，也只有自己的眼睛才知道月亮是什么样子。我们被束缚了，是因为我们的无明，是我们无限欲望以及业力所带来的。业力需要无数世的累积。学习数论哲学，去造善业，或去做瑜伽体位法都不能让我们解脱。只有得到分辨阿特曼和梵的智慧时，才能解脱，此为唯一之法。

每一位国王都有责任去令他的子民快乐，但并不是每一位能令人们快乐的人都能成为国王。丰富的学识、条理清晰的演讲、华丽的辞藻、对经典分析的技巧都可以令学生愉悦，但并不会带来解脱。如果不能得到对"梵"的真正认识之经验，经典将是无效的，如果真正认识了梵，就不需要再去看经典了。大多的经文，使人迷失于文字之中，越来越迷糊。因此，人们要努力地去证到梵的经验。当人们被无明之蛇咬到时只有依靠分辨梵才能治愈，吠檀多和经典、草药和咒符有用吗？生病的人光口中说"药"是不能治愈的，他必须"吃药"才行。说"解脱"两个字也是不能得到解脱的，必须真正体验了梵的存在才能解脱。在你使这个虚幻的宇宙从你的意识中完全消失之前，嘴上不断地说"梵"是解脱不了的。一个人打败了敌人，占领了他的土地，统治全部人民之后，才能成为一位国

第四章　商羯罗的《分辨宝鬘》

王。如果他只是嘴里说"我是一位国王",他其实不是一位国王。埋在地下的宝藏不是你说"过来"它就会自动过来的,你必须挪开石头,搬走泥沙,不断地深挖,最后才能找到宝藏。同样地,真正的我被摩耶所埋藏,也被摩耶所支配,只有经过认识梵的努力,如冥想和其他灵修方法等才能达到解脱的目的,脱离世俗的束缚。正如病体必须治疗才能康复一样。

前述所问的问题非常好,和我们教授的圣典也有关系,正如同这些颂句一样,都有很深的含义。是每一位要修行的人都该问的问题。请注意听,你就可以明白什么是解脱了。

第一步是要放弃一切和"真实"不相干的事,然后学习平静、自我控制、节制,再进一步放弃所有自私的行为以及期待那些自私的结果。第二步是开始学习真我的存在,在冥想之中找到真我,并和真我一起经验。这中间没有片刻休息。经过长期的不停地修习,终将进入最高的境地,将主体和客体的分别融化使之消失,只剩下那唯一永恒的真我,那时梵的祝福就自然来到了。

阿特曼和非阿特曼

现在来讲讲阿特曼和非阿特曼的智慧。人们所有的身体是由下列这些要件组成的：骨髓、骨头、脂肪、肌肉、血液、皮肤和毛发等，形成了手、腿、胸、脚、背、头、腹、屁股等多种部位。这些就是令我们迷失的那个身体、那个"我"或"我的"。人体中精微的部分是空、风、火、水、地，这五大元素之结合成为这具肉身。听觉、触觉、视觉、味觉和嗅觉是我们获得经验的器官。这是使我们得知我们是谁的经验器官。被迷惑的人们被这些器官的经验紧紧地束缚在一起，很难挣脱。他们进入了生与死之中，不断地上上下下，深受他们自身业力的影响。这是不能逃脱的法则。

那些鹿、大象、飞蛾、鱼和蜜蜂都会被死亡束缚，而它们只有一个感觉器官。那么，有五个感觉器官的人类呢？由感觉器官所得之经验其毒性比眼镜蛇的毒液还要强。毒液必须进入我们的身体毒才能发作，但由感觉所产生的经验只要用眼睛一看就已生成。只有那些能由个人感觉享受解放出来的人才能得到解脱，所以弃绝是必须的，解脱之路也只有弃绝。否则，就算是读完了全部六个正统流派的哲学思想也是没有用的。

第四章 商羯罗的《分辨宝鬘》

那些自称在修行的人,并没有真正地完全弃绝。在渡过俗世的海洋时,会被鲨鱼咬住脚,最后葬身鲨鱼之腹,是渡不过去的。那些用真正弃绝之剑杀死鲨鱼者,终将完成渡海。那些被迷惑的人走在危险的道路上追求感官的享受,每走一步都是危险的。那些受到师父指导、完全接受师父的教诲,加上自我的分辨认知,终将找到梵的最高智慧。

如果你真正追求解脱,就和感官的享受保持距离吧!用慈悲、知足、原谅、坦率、平静和自控来得到修行的灵感。每个人都应该不断地将自己从无明的束缚中解放出来,这个无明是长久存在的。不能够这样做的人简直无异于自杀啊!

我们的身体只是我们的灵魂用来印证这个摩耶宇宙的工具而已。那些享用自身感官的追求又去寻求解脱的人,就像在过河的途中误把鳄鱼当成了浮木一样。对自身肉体的认同是对解脱的扼杀,只有放弃了肉体的追求才能进入解脱之路。丢掉那些肉体上的认同吧。离开妻子、小孩和一切,进入和毗湿奴大神共同生活之家吧!这个由骨头、骨髓、脂肪、肌肉、血液、皮肤和毛发所组成的肉体,只是一堆无用的废物,是不值得去重视的。

醒位、梦位、无梦位

肉体由五大元素和合而成,因前数世的业力而出生于今世,是阿特曼依附的一部车辆。当我们感知这个宇宙的存在时,就是我们"醒着"的时候。全身充满了活力,我的意识是认同"我"这个关系的,但实际上我并非这具肉身。经过感觉器官,去享受物质带来的快乐,如花园、香气和更多任何能令感觉器官快乐的东西。

你必须知道,这个肉体经过感觉器官去认识外面这个世界,就如同一个家庭的房子一样。一个人经历从出生、衰老到死亡的过程,也有变胖或变瘦的可能。在发展的过程中有婴儿期、少年期,会生很多不同的疾病,需要用不同方法去医治,等等。肉身上的感觉器官有耳朵、皮肤、眼睛、鼻子和舌头等,通过这些器官我们认知外物。在行动上的器官包括喉咙、手、腿、肛门和生殖器。在精神上的器官包括思想、智力、自我和情绪,因不同的需要而发挥不同的功能。

普拉那因为功能的不同被分成五种:"命根气"是生命气普拉那对呼吸系统的作用,"下行气"负责排泄,"平行气"管控消化和吸收,"遍行气"负责防止老化,"上行气"的作用之一是打喷嚏。

第四章 商羯罗的《分辨宝鬘》

正如同用黄金打造不同物品时就有了不同的名字，水也因温度的不同就有了不同的形状。

"普拉那（生命气）"虽仅有一种，却因为作用不同而有了不同的名称。24个系统合成这个精细的身体：感觉的五官、行动的五官、生命气的五种作用之气，五个细微的气元素加上精神感官、无明、欲望和业力，它们合成了这个肉体。

生命气在肉身的五大元素合成时形成于身中，是"我"一切欲望的来源。包括前世的业力也注于其中。因为人类的无明，将这个心意鞘和阿特曼叠置在一起了，而这个叠置不知是从何时开始的，可以说是无始无终的。

梦是在心意鞘非正式状态时出现的。在梦中，会出现不同的情景和自己的天地。心意鞘也像一座库房一样会将我们在醒位时的那些欲望存于其中。于是在梦中，那些欲望就被自私的我欲带出来。此时那个真我（阿特曼）仍然保持着不做任何附和的行动。此时所有一切在梦中发生的事情，"真我"都以证人的身份看到但完全不参与其中。所以在梦中所发生的一切事情而形成之业力也不会对"真我"造成任何影响。心意鞘如同木匠手中的一个工具，只是充满了智慧的"真我"所见证的一件工具而已。所以，"真我"是不会受到工具的雕刻的。

看清东西是眼睛的功能，说话和听音分别是舌头和耳朵的功能，这些都不是"真我"。吸气、呼气、打哈欠、打喷嚏或死时的断气，都是属于生命气即普拉那的范畴，包括饥饿、口渴等也都是生命气的作用。心意鞘认同肉身上那些器官的功能，因此，人们就把自我和身体合而为一了，但真正的纯粹意识是永恒的"真我"（阿特曼）。

人们认为行为和经验都是自我时，他就自然受到三种德性（萨埵、罗阇和答磨）的支配。于是他就有醒位、梦位和无梦位三种状况了。当外在顺利时，他就觉得快乐；当外在不顺利、不舒服时，他就觉得悲伤。快乐和悲伤只是私我的经验，不属于那个永恒不变的"真我"所有。外在一切发生的情境都被视为只是为了追求"真我"的存在而发生，但"真我"却是超出一切追求的。当追求者最终能达到"真我"时，一切的痛苦自然也消失了。

在无梦的状态，肉身和心意鞘都隐入无明之中，经验已经完全不存在，"真我"也被遮挡了。这个不存在的经验每个人都有，而在经典中也一再被提到。

摩耶

摩耶幻象是一种能量的展示，不知是由何时开始的。

是经由三种性向（德能）所组成。并且极为精细而不能为人们感知，但那些先知可以运用能量以智慧推理而得知。有了摩耶才有了宇宙。但摩耶似有似无，又非似有似无，不可分亦不可不分，亦非不可不分，无法解释。正如必须知道什么是绳子以后才能破除蛇的误认一样。摩耶也必须在亲证了"梵"之后才能被破除。

摩耶由三种德性展示出来：萨埵（善良）、罗阇（激情）和答磨（惰性）三种不同的性向。

罗阇是活动力的开始，整个宇宙的显现由它反射而来，头脑的思维力根源于此，性欲、愤怒、贪婪、妒忌、自私以及类似的情绪均由罗阇产生，当一个人有过多的罗阇时，他就会入世很深，而终成负担。答磨是不活动的开始，将真实遮掩了，对真实产生误解，因而使人离不开生死的轮回。

一个人可能很聪明，很有学问，也有可能可以认清真我，但因为答磨太强而使他无法知道什么是"真我"。即使用很多不同的方法去教导他，也因为答磨拉引着无明，无明令他迷失而不能找到真我，认不清真实，扭曲了真相。摇摆不定的思绪，将幻想当成真实，这都是答磨的本性。答磨和罗阇都永附人身，无人可以逃脱。答磨还有以下个性：无知、疲乏、迟钝、睡眠、怠慢、愚蠢。人一沾上这些，就活得像一根没有生命的木杆。

萨埵是清纯之力，这是导向解脱的能量，萨埵照亮了真我如同太阳照亮了世界。当萨埵与其他德性混合时，有以下特质：自尊、纯洁、知己、禁欲、苦行、自学、敬神、不暴力、诚信、节制、不贪、奉爱、追求解脱、明理、追随神明的脚步。萨埵在变得纯洁时会有以下个性：宁静、走向自我、绝对的和平、完全明理、喜乐和对真我的奉爱。由此，追寻者终得到永恒的喜悦。

摩耶是三种德性的展示。是真我的种子因素，无梦的位置是"种子身"之前的那个状态。在这个位置上，肉身的感觉器官和心意鞘的思维器官都不存在。在无梦的状态，真我不会告诉我们任何东西，肉身、感觉器官、生命气、思绪、自我、所有的功能、所有的享乐、所有的经历、整个宇宙，包括摩耶也都不存在了，这都不是"真我"。这一切均非真正的存在，宛如沙漠中的海市蜃楼，幻境一场而已。

阿特曼（真我）

现在，让我告诉你什么是阿特曼（真我），你若能了解，则能脱离无明而得到解脱。

第四章 商羯罗的《分辨宝鬘》

有一个"真我"存在。这个真我是那个私我存在的原因,并见证人的三个位置和五鞘。三个位置是醒位、梦位和无梦位。这个真我见证了人一切思绪和作为。这个真我是独自发光的,但没有人可以看见它。整个宇宙的出现也如同真我,但无人察觉到。真我自然发生,宇宙的光是真我之中的反射光。肉身、感觉器官、思绪、想象力等所有的一切功能,均来自它。它的本质是永恒的纯粹意识,它是感知一切的,由私我的器官到肉身。所有的快乐和痛苦都被它知晓,它知道这具肉身的反应。这就是阿特曼(真我)。

这个超能,这个永恒存在的喜悦,永远不变。在肉身之内,在思想之中,在一切幻象之间,在整个宇宙的心房之中,"阿特曼"如同正午的太阳,发出迷人的绚丽的光芒,照亮了整个宇宙。

阿特曼知道每一个人心中所想,见证每一个人的行为,每一个人的感官和生命气,并和这些合成一体,就如同一个"热铁球",但它完全不采取任何行为也不产生任何改变。

阿特曼无生亦无死,不长也不老,永不改变,永恒存在。肉体会死亡它却不死,如同瓶内的空气,瓶破气不破。阿特曼远离摩耶,也不受其影响。阿特曼的本质就是纯粹意识，由它显现宇宙中的思绪和物质，但无法被了解到。阿特曼只是它永远不变的自己。

思绪

用一个经过纯净和清洁并受到控制的思绪，直接通过在我们身体内认识到阿特曼才是真正的我时，就将脱离生死轮回的苦海，生活也将受到"梵"的福佑。

人们因为无明而误以为非阿特曼才是真我，因此被捆绑在生死轮回之中。因为无明，人们把身体当成了阿特曼，因此保育它、珍惜它、信赖它。这些感官被依靠的情形如同一个虫蛹里的毛虫。

受无明的迷惑，失掉了分辨的能力，误以为绳子是蛇，造成自己极大的危机。误认虚幻为真实，那是要付出代价的。

阿特曼是独立的、永恒的，也是唯一的，是唯一的智慧产生出来的，是永恒的荣耀。答磨的能量将阿特曼蒙罩了，就如同太阳发生了日蚀一样。阿特曼的光被遮蔽之后，人们误认为身体才是真我。罗阇能量会将外界的幻象反射到阿特曼身上，使人们产生性欲、愤怒和其他的欲望。如此，思绪不再正常。纯粹意识的阿特曼被无明之鲨

第四章 商羯罗的《分辨宝鬘》

吞食。受罗阇能量影响，人们随着情绪起伏不定，越来越不稳定，忽上忽下，并受到肉体感官的毒害，在生死轮回中浮沉，这都是致命的错误。阳光造成云雾，但云雾又遮挡了阳光，使我们误认云雾是独立存在的。

同理，阿特曼引出自我，自我遮挡了阿特曼的本性，使我们误认为自我是独立存在的。在暴风雨来临时，太阳被深云吞食，云雾被又冷又狂的大风吹袭。同样地，当阿特曼被黑暗的答磨能量包裹时，罗阇能量同时带给他很多试探。人们的包袱就是由这两种能量——罗阇和答磨形成的。受此之迷惑，误认身体为本性，而行走在生死之途。人的一生如同树的一生。答磨能量是种子，将身体和阿特曼认同为一就是种子发芽。享受是长叶子，工作是根，肉身是主干。生命气是树枝，身体上的感官是花苞，感官的感觉是花朵，果实就是人类行为的结果。每一个人都好比是吃了树上果实的鸟儿。

阿特曼因无明之树而成非阿特曼，它始于"无始"，直到这个阿特曼解脱为止。只要这个人的阿特曼还没有被无明遮蔽，它就永远在生老病死的苦海中流动不止。"无明之绑"无论用武器、用风、用火或用百万种的行为都无法打断，只有智慧之剑才能解开。

用分辨的能力、慈悲之心加上神的恩典，才能解此捆绑。人们用爱及虔诚之心去敬神，用慈悲去静心，用智慧去破除世上一切的恶果和恶因。

人受到五鞘（粗身鞘、能量鞘、心意鞘、智性鞘和喜乐鞘）的包裹，而产生了摩耶幻想，使真我被蒙蔽而不现，如同一池的水被泡沫所蔽而不见。当泡沫被清除以后，清澈之水会再现。当人们的欲望被清除之后，快乐亦将立即出现。人们的五鞘被移开以后，阿特曼会出现，神的福佑将永恒同在，自我也将发出光芒。

身体

身体是各部分肉身的组合，称为"粗身鞘"，因食物而存在，无食物而死亡，是由肌肉、皮肤、水、血、骨、油等所组合而成。这个身体不是真我，不是那个纯净无染的唯一真我。在出生之前，身体是不存在的，在死亡之后，身体亦将不复存在。它存在的时间很短并且是不定的。它是一个组合体而不是一个元素，它是一个感官的接受体，如同一个罐子。它能够反射一些东西，但它绝不是永恒不变的唯一存在。身体上有头、手、足等部分，它们的功能都由别人指挥，自己不能做主，而真我是不受任何他人指挥的。

第四章 商羯罗的《分辨宝鬘》

见证身体的成长及衰老，见证肉体的个性、行为和生命的过程，这才是真我，和肉体是完全不同的，是肉体的见证者。肉体的组合非常脏污而真我是纯净不染的。有智慧的人不会将身体看成真我，只有无明者才误以为肉体就是自己。愚笨的人将身体认为就是自己，聪明的人认为个人的灵魂和肉体合一成为自己。只有智慧的人才有分辨灵性的能力，认为只有"梵"才是自己。

停止那些因无明而对身体的认同吧！真我才是唯一真实存在的。体悟到我是梵，梵才是所有的生命，如此，人们才能得到解脱。

一个读了很多的经书又有学问的聪明人，如果不能领悟到身体只是一个感觉器官而并不是真正的自己，那也不能获得解脱，而仍然在无明之中。你一定不会认为你就是镜子中的影子，也不会认为你是太阳下的那个阴影，当然也不会认同你就是梦中的那个你。所以聪明的人不会认同自己就是那个肉体。无明之人误认为身体就是自己，误以为肉身就是阿特曼（真我），因此进入生死轮回之中，当你不再被无明所困，你就不再轮回，你将无死而永生。

依附于"真我"之上的生命，是由生命气和五大元素所合成。身体在此产生，被称为"能量鞘"。这不是真我，只是一种存活的能量，这种能量会衰败以至消失。它依附于真我之上，但真我并不依存于它。在肉体死亡之后，真我离去，再依附于其他肉体，但一切对真我都不会产生任何影响。

净化

人类的思绪和感觉器官结合之后生出"心意鞘"。由此，产生了"我"和"我的"观念，产生了分辨的能力，产生了各种"名相"之概念。这个心意鞘是随粗身鞘同时来到生命中的。思想受感官支配，而感官是欲望的工具，也是欲望的来源，故思想就成为欲望之表现了。

于是，无明就注入思想之中。无明的思想使人进入轮回。当"真我"被净化之后，幻象的宇宙自然消失。故清除无明即可令人得到永远的宁静。

在人们做梦时，思想对外在的宇宙是感觉不到的，但却由内心产生主观和客观的能量。而醒时对宇宙的感知其实只是梦中感知的反射而已。

在沉睡无梦时，整个思想是不存在的，故宇宙也不存在了。人们因为有了宇宙的经验，误认为宇宙是真实存在的，故陷入生死轮回之中而不能自拔。风将云吹在一起，又将云吹散了。思想带来障碍，思想也能去除障碍；思想带来的包袱使人们误认宇宙为真实,思想也可以使人们具有看清这些情况的能力。将思想中的罗阇和答磨都消除以后,思想完全净化,分辨的能力就会产生。故一个聪明的人一定要净化他的思想以求得解脱。

看到在森林里有一只追求感官享受的大老虎,聪明的人是不会走进去的,人们具有不同的欲望,并具有不同的倾向,所制造的苦果是人们无法超脱的。只有净化了思想才能远离这些,不再认为"我"和"我的"是真实正确的,故净化思想是修行者必须做的事情。

误认"非真我"为"真我"是轮回之因,而此误认源于思想,思想错误是由太多的罗阇和答磨倾向所致。一个聪明的人知道净化思想才能除去无明,除去无明才能云消日现。故净化成为得道的重要步骤。剪除一切欲望,斩断行为之根,面对灵性修行,认识神明,打坐冥想,令思想充满喜悦之气至为重要。"精身"也不是"真我",追求解脱者不能不知。

智性鞘

分辨之力和灵性有关,但灵性依附于感官,因此,形成了"智性鞘"。这也是使人们进入轮回之因。人们的灵性虽依附于人的感官，但它也是真我的一种反射，是摩耶幻象之一，指挥人们的行为和想法，也是和感官、身体认同一样的。人们的自私心成为人类一切行为的根本原因，是经过多少世的累积并随着轮回带入此生的，亦始于无明。不论在醒位或梦位时均受其支配。智性鞘感受快乐及悲伤，因与肉体结合，故在人的一生中发放不同的能量。这些能量都只是阿特曼的反射，但人们误认为这是真的光芒并认同它的存在，因此进入了生死轮回之中。

真我是唯一的纯粹意识，是自我发光的。存在于生命的中心部位。因为智性鞘的缘故而误以为肉体就是真我，但真我是宇宙能量进入肉体内唯一的真实存在。它不是那个瓶子，而是做成瓶子的泥土，所以真我是永恒不变并且是绝对完美的。但在被智性鞘误导之后，人们看不到它，就如同"火"是没有形状的，却被误认为"热铁球"了。

迷惑

人们误以为肉身就是真我，是因为无明，而无明无始终，所以人们难以解脱。那么要到何时才能够解脱呢？

我们都认为天空是蓝色的，但实际上，天空是没有任何颜色的。真我不受任何外在因素影响，并且远离任何行为和业力，故真我是可以用亲证的方法感受到的，能够将迷惑打破之时亦即真我显现之时。打破迷惑是见到真我的方法，而打破迷惑必须先除去无明，无明无始终，但并不是永恒的。

在我们做梦之时能脱离梦境的方法只有赶快醒来。破除无明的方法就是用分辨的智慧去除迷惑。古籍圣典告诉我们，破除无明找到真我之时，真我即能和宇宙最大能量"梵"相结合，如此，就不再落入生死轮回。分辨之能力就是智慧瑜伽，也就是破除迷惑之方法了。污水沉淀之后方可清澈，真我净化之后才能显现。净化除迷，实为首要。

"喜乐鞘"是真我本身永恒喜乐的反射作用。人们在达到自己心想的事情时会产生一种快乐的感觉，这种感觉是虚幻的，只是由真我喜乐的本性中反射于无明的一种作用，人们误把这种喜乐当成了真我，这是不对的。"喜乐鞘"并不是真我。"喜乐鞘"是深藏在沉睡无梦之中的，但部分会显现在醒时和梦时，是快乐的来源。但"喜乐鞘"绝不是真我，因为它是有限的，它是无明的反应，它是因为高兴而产生的，它和其他"鞘"完全相同，均是无明的产物。

如果我们熟读经书。分辨出所有的"鞘"都始于无明，那么我们即可认知到真我是完全脱离这些的，是自我独存的，是完全不受它们影响及污染的，是不存于醒位、梦位及无梦位之中的第四种状态。

真我是梵

如果说所有的"鞘"都是不真实的，那么，这个宇宙的一切都是虚空了。在虚空之中，必然会有一个唯一真实存在的东西。那这个东西是什么呢？

这个东西必须是不被外在的一切事物及经验所感染的东西。这个东西就是真我，真我是梵的直接存在。真我是梵。

真我是一个纯粹意识，存在于醒、梦、无梦三种状态之外，是内向的一种意识，是永恒不变，不受私我、思想和感官影响的。外在所有的名相之改变均和它无关，它是唯一的真实、唯一的智慧和唯一的喜乐。唯有用心底的光芒才能照见它的存在。

无知之人在水缸中看到太阳的倒影误以为这就是太阳。人因为无明，以为纯粹意识的反射所形成的"鞘"为真正的我。要能够看到真正的太阳必须先离开水缸、水和水中的倒影这三样东西。有智慧的人知道水中的倒影只是太阳的反射而不是真正的太阳本身。

身体、智性和菩提中纯粹意识的反射这三样东西都不是阿特曼（真我），阿特曼只是一位"证人"，是无限的纯粹意识，它见证了宇宙中的一切，但完全不受它们的污染。它不是物质的也不是被你感觉的，不在内也不在外，它独立于一切之外，仅在心的深处发光，找到它就脱离了生死轮回，成为无死。找到真我，不再悲伤，永远快乐。有了智慧，不再害怕。要求解脱，必求此途。

解脱之途别无他法，而是要得到真我的智慧，去和梵相接。梵我一如，真、智、喜、乐必随之而来。认知到梵，认知到梵即真我，真我即梵。如是，梵我永远，梵我最高，梵我无限。

宇宙就是梵

梵是宇宙中最大的能量，是整个宇宙发生的原因，宇宙是梵不同名相的反射，正如同各种瓶子都是用土制成的，瓶子的名相虽然很多但其本质都是同一的土。宇宙中万物虽然都是不同的，但本质都是梵，故宇宙其实就是梵。伟大的先知们在《阿闼婆吠陀》中说"宇宙就是梵"。但宇宙只是梵叠置而成，宇宙本身并不存在，只是一种反射。对无知的人来说，宇宙是存在且被感知到的。对有智慧的人来说，宇宙只是因迷惑而存在的。

克里希那在《薄伽梵歌》中说："我不属于任何物种，但任何物种均由我而来，我指的不是它们的物质形体，而是神灵的力量。我的能量反射出所有物质并造化它们，但不和它们有任何的接触。"如果这个宇宙是真实存在的，那么我们在深睡无梦中，也应该感知到它。但，我们感知不到它的存在，故宇宙并非真实，就像我们的梦境一样。宇宙并非和真我同时存在的，这种感到宇宙的存在是一种错觉，就如同我们以为天是蓝色的。反射的东西怎么会是真实存在的呢？只因为我们的迷惑误以虚为实而已。

一个被迷惑的人以为看到了整个宇宙，其实，他看到的只是梵而已。他看到了一片贝壳以为是一块银片，他看到梵以为是宇宙，但是宇宙只是梵的叠置，只是一个名字而已。

我是梵

梵是超然的，是唯一存在的真实，是一个纯粹意识，自我存在，无生无死，无始无终，永恒不变，充满喜乐。因为摩耶无明而反射出整个宇宙。但梵是永恒的，不被分割的，无形无像的，不能描述不被认知的，梵只是自我发光，照亮整个宇宙。圣者先知们体认到梵的无限无边、绝对唯一，进而使"求知者"、"智慧"和"被认知的方法"合成为一。圣者先知们因此体会到梵是不能被制造也不能被掌控的，是不能想象、无法理解、无边无限、无始无终的永恒圣恩，这个真实告诉我们"我是梵"。

那就是你

在吠檀多经典中有一个很重要的圣句，就是"那就是你"（Tat-Tvam-Asi，彼即汝）。"那"指的是梵，"你"指的是个体灵魂（jiva）。从字义上来说，个体灵魂和梵应该是对立的，正如同太阳和萤火虫、国王和仆人、大海和小井，或巨石与分子。这二者必须合而为一才有意义，而分开对立就没有意义。

"梵天"是神——摩耶的掌控者，宇宙的创造者。"人"指的是个人的灵魂和由五大元素合成的肉体。生活在摩耶幻象之下，神和人这两个性质互异的东西只是因为摩耶而造成不同，并不是因为他们本质上有所不同。只是因为摩耶的幻力将神和人叠置到一起，当人们净化之后，有了分辨的智慧时，神和人都将不再存在。

"梵"既不是物质的也不是精神的，显现在我们眼前的宇宙，只是由我们的无明所造成，并非真实的存在，有如误认绳子为蛇一样，只是一场梦。所以人们要修炼灵性的分辨之力，并将自己从这个幻象中解脱出来，在冥想之中认识梵我之原型并得到真实。要经过灵性的分辨，知道梵我的真正位置，并认识到它们其实是同一的。

我们常在遇到一个陌生人时有似曾相识的感觉，因为我们将某些人的特征错放到这个人身上。同样地，经过圣典中一再提出"那就是你"的特征，我们不会再错印不正确的印象而不知道梵我是相同的。明理之人知道梵我的本质都是纯粹意识，无数的圣典都不断地提到过。抛弃掉我就是这个肉体的既成观念。通过冥想来看清"真我"既非物质亦非精神而是自我存在的，真我是不能用思想去理解的，只能在彻底的净化完毕之后，才能知道"我是梵"，才能认识到你的真我，那个永恒的纯粹意识。如同所有的陶器都是用土制成的，整个宇宙也都是梵所反射而来的，它的本质都是梵，不是其他的任何东西。

除了梵，根本没有其他任何东西是存在的，"梵"就是唯一的存在，真我就是你，真我是梵，所以"那就是你"——纯净、福佑、永恒、唯一。你在梦中到过很多地方，做过很多事，但那都不是真的。你醒着的时候也经验到整个宇宙，但这个经验是在你的无明中所得到的，是一个不察觉的梦，所以也不是真的。身体、感官、呼吸、自

第四章 商羯罗的《分辨宝鬘》

我都不是真的。只有"那就是你"——纯净、福佑、永恒、唯一——才是真的。

因为无明,故你误认了不真为真,当你知道何者为真时,只有真实才是存在的。当你梦醒时,梦中的宇宙也都消失。故现在你真正醒来了,你还是你吗?

梵是无名无相的,亦无善与恶,在时空之外,不受任何污染。"那就是你",冥想这个真实吧!

用六识是识不到它的,用感官是碰不到它的,用思想是不能了解甚至去想象它的,只有用心中的光芒在冥想之中去认识到它。"那就是你",冥想这个真实吧!

整个宇宙的显现是由于无明,无明之叠置误生物质和精神,但这都不是它,它是独自存在不可分割的。它不是无明的知觉能了解的。"那就是你",冥想这个真实吧!

不会出生、成长、改变、衰老、生病和死亡。它是宇宙演化之种子,宇宙维持及消隐之能量。"那就是你",冥想这个真实吧!

永恒不变,静如止水,不可分割亦不受污染,"那就是你",冥想这个真实吧!

由这个一,生出亿万。它是独一无二的,除此无他,完全自我独立,成为万象之因。"那就是你",冥想这个真实吧!

永远不改变，无限无边，不受摩耶幻象影响，永远纯净福佑。"那就是你"，冥想这个真实吧！

因被无明蒙蔽，由这个唯一的真实所生出来不断改变的宇宙只是它的反射，它是超出这些改变而永远只是它自己的。"那就是你"，冥想这个真实吧！

除此之外再无他物，唯一中的唯一，内中之内，一切万物中之唯一自我。真实、智慧、喜乐、永恒。"那就是你"，冥想这个真实吧！

用这些真实来冥想，追随圣典，加上心灵的努力，你将不再怀疑不懂，你将认识到这个梵，认清这些真实，就如同你手掌上捧着的清水一样，清楚透彻。

虔诚

如同一位被全民认同的国王一样，作为纯粹意识的梵也为不完美的世界所认同，在每一个真我之中所居住的小梵也将使这个不实的世界回归于梵。

梵是唯一不二的真实存在，于心的光芒之中，远离了这具肉身、心意鞘和整个世界。当一个人也能进入到这个心的光芒之中时，他就会和梵再度相连而远离生死，摆脱轮回。

第四章 商羯罗的《分辨宝鬘》

梵的真实存在我们可以用智慧学习到,但自私的本性根深蒂固,并且始终无始,令我们深深地和"我就是肉身的我,我就是我的经验"等发生认同,这种认同将我们和生死捆绑在一起。唯一解脱的方法就是不断地去和梵相连,先哲们说解脱就是丢掉我的经验和放弃我的全部欲望。

因为无明,使我们将身体及感情误认为是真我。但身体和感情并非是阿特曼(真我),一个聪明的人会用对阿特曼的虔诚之心去破除这个无明。

用阿特曼去见证思想和意识时会使每一个脑波都不断地想着"我是梵",如此,你终将由"非真我"之中脱离出来。停止对世俗世界的追求,停止对身体感官的追求,停止对传统经典知识的过分追求。抛弃了对不实的认同而去见证真我吧!当一个人存在上述三种错误时,智慧是不会在他身上显现出来的,只有停止了对这三种错误认同的追求时,才可以得到解脱的智慧。

将沉香木放入污秽的水中时,沉香的香气可能会被恶臭掩盖,但当我用力地摩擦沉香木时,臭味就会消失,并且在空气中散发出沉香的香气来。

当阿特曼的芳香被恶魔般的"自私欲望"之臭气掩盖时,只有用不断冥想"我是梵"这个方法,才能使阿特曼的芳香气味飘散出来。当阿特曼的芳香气味被欲望的恶臭掩盖时，就用虔诚去除掉臭味吧！阿特曼的光芒终将显现于你心中。

经过长时间不断地对阿特曼的虔诚追求，最终将使一切自私的欲望都停止，那时，我和阿特曼就不再有任何的阻碍了。所有的不正确思想逐渐消除，欲望也终将停止，最终，虚幻不实也被破除。

答磨被罗阇和萨埵所取代。罗阇又被萨埵所取代，萨埵进入阿特曼的光芒之中。所以，用萨埵去破除无明是第一步。坚定不移地虔诚于梵，在有生之年坚守目标努力地去除虚幻之迷吧！

想着"我是梵，我不是我的灵魂"，拒绝一切不是阿特曼的事实。拒绝在过去无数世中所累积的自私欲望再次对你发生作用。在经典中去学习智慧，用心去经验它，并通过经验了解到在你心中的阿特曼就是全世界共有的那个阿特曼。坚定地去追求这个目标到最后一刻吧！

聪明的人不追逐欲望，不满足享乐，他们只要全心贯注于对梵的追求就能够成功。

在冥想中专注在"我是梵"这个事实上，确知阿特曼和梵是同一的，尽力去破除迷惑吧！

用专注和警觉去破除迷思，直到对肉身的认同完全消失。

就算是你处在看不清真相的那个梦幻的情形之下，你仍然要继续追求解脱，直到破除迷思。不要浪费任何一秒钟在追求感官的欲望上。记住，连你在睡梦中时梵都是和你在一起的。用你的心去冥想阿特曼这个真我吧!

误认

停止将你自己去和这个由父母给你的肉身相认同吧!那是不洁不实的。要用生命去追求那个"梵我一如"的真实人生目标。

在瓶中的空气和任何地方的空气都是一样的，你的真我和梵也是一样的，追求者必须放弃一切感官的享受而进入平静之中。你和自我发光的梵是同一的。

放下肉身和宇宙幻象，踏上真实存在的土地。"自我意识"根深蒂固，必须用唯一存在的智慧、真实和福佑去破除它，并且要永远和唯一的真实相连。宇宙的幻影是经由梵而反射出来的，就如同一座在镜中的城市一样。

"我即是梵。"如此，你认识到生命的意义。阿特曼才是真正的你，是那个纯粹意识。是唯一无二的，是无名无相的，是永恒福佑的。不要再认同你的感觉器官了，那就像一位粉墨登场的演员在虚幻中演戏而已。

宇宙的存在是不真实的，私我的欲望也是不真实的，我们必须观察到它是如何来和如何去的。我们即是那个纯粹意识，因此也见证了所有的事情而超然独立，甚至在无梦的深睡之中亦独立存在着。

古籍经典也告诉我们真我是无生亦无死的，所以，它也不会随着肉体的生死而改变。阿特曼必然是永恒不变的，所以，它是一切会改变的见证者：见证到那些改变的肉体一再地改变又改变，如同我们有时做梦有时沉睡。

不再将自己和那些肉体、欲望、自私相连接，那些都是无常的。找到你的阿特曼，那个纯净、永恒的纯粹意识，你就可以独立于无常之外，得到永恒。不要将自己和那些种姓、阶级、名字、形象、工作等再连接，那只是肉体的一部分。不要将自己和你的行为及思考相连接，那只是心意鞘的一部分。这些都只是私我。你是属于那个永恒快乐的阿特曼"真我"的。

我慢

人陷于生死轮回中有很多的原因，最主要的原因是我慢。我慢是"无明"所生下的第一个孩子。只要和我慢连在一起就不可能解脱。当从我慢的阴影中脱离时就能够享

第四章 商羯罗的《分辨宝鬘》

受到解脱的自由,就如同月亮在离开了月食的阴影以后光亮就自由地放射出来。

当人们的思绪被无明征服时,就将自己与我慢的感官认同了,只有将我慢完全放弃以后,获得智慧的能力才出现。

我慢就如一条极毒的毒蛇,三个德性倾向就是它的三个脑袋,它守在梵的宝藏之前阻止人们前往。智慧之人,用智慧之剑斩断了毒蛇的脑袋,就能够取到梵的宝藏。

当人的体内有毒素的时候他是无法康复的。同样地,如果不能抛弃我慢之欲望,他的灵魂也不可能得到解脱。完完全全地抛弃我慢,控制由心中升起的欲望。认清楚唯一的真实,找到"我是梵"的真义。你就是纯粹意识,一切发生的见证者。

完全打断和我慢的认同,你就是阿特曼,是无限的生命,是纯洁、不变的纯粹意识。你本身就是福佑,你的荣耀是没有任何污点的。

但是,如果你认同了我慢,你就落入生死轮回之中,你的包袱无法放下。我慢就是你的敌人,如同一根卡住了你喉咙的鱼刺。

用智慧之剑打开你自己的王国吧!那就是阿特曼的福佑。找到我慢的一切行为,明白我慢的无所不在,进入超我的真实。不受情欲的支配,进入宁静,享受阿特曼的福佑，不再用肉体的感官去生活，感知到梵，那就是你无限的本性。那个被我们砍断的私欲只要有一点放松就会马上复活，在我们的生活中造成更多的错误。好像大风雨中的浓云，布满天际。用放弃一切感官欲望的方法去打败我慢。认同肉体，则情欲高涨。放弃肉体，则情欲平息。放弃私欲，则平静安详，不关乎生死。

欲望

当一个欲望满足之后会生出另一个更大的欲望，只有控制欲望，不去想象，最后才能不再有欲望。所以，请自我控制吧！控制力薄弱，欲望就更强，最终令一个人不能脱离生死的束缚。

如果人们只追求感官世界短暂的满足，欲望就会越来越强，对追求灵性解脱的人来说必须要将欲望之心完全地烧尽才能离开生死的轮回。

欲望是生死轮回的原因，唯一去除这个可怕原因的方法就是将世间的一切都看成梵。"梵"是破除欲望最好的利剑。

放弃在俗世上的欲望就不再依靠感觉器官，不依靠感觉器官就不再有欲望，如此，终将得到解脱。这就叫作

"为解脱而生活"。

日出之光将黑暗驱散,追求对真实的智慧之光也会将我慢去除掉。白昼征服了黑夜,唯一真实的福佑也会将生死征服。

让物质世界从你心中消失,让唯一的真实进入你心中。充满喜悦。不论内外,不论是否在冥想之中,都去和梵相连吧。用这种方式去过每一天的生活,直到你过去的业力完全消失。

复忆

不要让疏忽进入你对梵的虔诚之中,伟大的得道者告诫我们,疏忽是对修行最大的伤害。因为疏忽而生出迷惑,因迷惑而生出私我,因私我而被捆绑,因捆绑而落入悲伤之中。

我们学会了修行的方法,但在修行之中如果疏忽了复忆的重要,就会转回感官的享受,被私我的魔性引诱,如同一个邪恶的女人引诱她的情夫一样。水面的浮萍被吹开以后马上又会合上,如果不能努力不断地练习,摩耶的幻力就会马上回到你的心中。当对梵的注意力被分散,感官的享受就会回来,然后,你就开始不断地走下坡路,像一个由楼梯上滚掉下来的球一样。

因为追求感官之乐，欲望就会越来越强，终至轮回不止，不能解脱。但若能分辨何者为真，何者非真，看清本质，并且不断地复忆，没有片刻的疏忽，就能最终得到解脱。

舍弃

追求自我感官的享受是一切罪恶的根源，能够放弃这具肉身，就接近了解脱。吠檀多说，当人们能和梵的差别越小时就越没有了恐惧。当一个人——就算是一个已经有了分辨的智慧之人——感觉到他和梵之间仍有差别时，恐惧就会从他的心中升起，这种恐惧是由无明带来的。

无数圣典都一再地说明外在世界的存在是不实的。凡是和外在世界认同者均等于认同了悲哀，凡是虔诚于梵者均将走向解脱，故不要迷失了你自己。追求不实世界者就会被捆绑于生死之中。必须要站稳脚跟，看清楚真实的存在并知道梵即是我自己。在冥想中虔诚于梵，梵即会带给你全心的喜乐，并将由无明所带来的包袱全部清除掉。

追求感官的享受将使答磨品德增加，并且会不断加重。只有用灵性的分辨才能不去依靠外在的刺激，所以在冥想时记住你的阿特曼吧！

第四章 商羯罗的《分辨宝鬘》

放弃了感官的追求，心的平静就会到来。当心神平静时，阿特曼就会到来，当阿特曼到来时，俗世的包袱就会解除，所以，放弃感官的追求就是解脱之正途！

当一个人有了分辨何者是真实、何者是非真实的能力，并且非常明白经书上的深意，已经看到阿特曼及解脱的道路时，他怎能仍然像一个小孩子一样使非真实的充满他的心中呢？

仍然依恋身体的人是不能解脱的，就如同一位睡着的人不可能是清醒的，这两种情况是不可能同时存在的，这也是自然定律呀！认识了阿特曼的人看到的整个世界都是充满梵的灵性的，他不会被身体的欲望所牵引，他前进的目标就是唯一的解脱，唯一的真实存在。

能够看到宇宙万物都是梵的反射之时就自然解脱了，没有更高的智慧了。梵就是阿特曼，就是一切存在的原因，能够放弃感官的享受而追求你自己的阿特曼，你就永恒存在。但如果你将你自己和自己的身体相认同的话，那你如何能放弃掉一切的感官追求呢？这只能将自己永留于俗世包袱的追求之中而不知梵的存在。可见，舍弃的重要，是一切追求的根本之道。

蛇与绳

就算是最聪明的人也不可能一下子就能和我慢划清界限。我慢的形成是始于无明,而无明始于无始,是世世代代存在于所有生命之中的。只有在接受了最高的教导和修行之后,才能将我慢除去。因为无明,人们将我慢认同为真我,对感官的追求永无休止。

要除去无明是非常困难的,在不断学习中,能够分辨出阿特曼和感官的追求就如同分辨水和牛奶的不一样,这样,无明的面纱才能解除,那时真理就能自然出现。

有了分辨的智慧,阿特曼自然从我慢中出现,此时,就能破除摩耶所带来的无明,也就能脱离轮回的锁链。

有了"我是梵"的智慧,就有了能烧除无明森林的大火,无明森林毁灭之后,不真实的面纱就被揭开,一切悲情也就结束了。轮回不再,解脱到来。

例如,你把一根绳子误认为是一条蛇,所以非常害怕,但是当你发现这并非一条蛇而只是一根绳子时,你的恐惧就自然消失了,一个聪明的人知道认清真实,才是消除包袱之道。

一块铁碰到火就会擦出火花,一个人领会了梵就看到了真实,如此,就能看清外在的一切都只是幻象,并非真实的存在。摩耶幻象就非真相，因为摩耶是不断改变的，并不像阿特曼一样是永不改变的。

阿特曼是真实、永恒、不可分割的纯粹意识，是唯一的真实存在，是对身体、思想和一切的见证者，是不属于肉身及心意鞘的，这就是真正的我，永恒的喜乐。

"你""我""这个""那个"……这些分别性的不同概念，都出自不纯净的思绪。只有当你深入三摩地时，阿特曼才会自然出现，那些有分别的我慢想法也将自动消除。

三摩地

一个追求灵性解脱的人，是一个能够净化自己、控制自我、心神平静、宽容于世、努力学习、冥想真我、视天下万物皆平等、破除因无明而带来的黑暗、将梵给我的喜乐常存于心并不被任何我慢再捆绑的人。这个人未必能真正从这个世界上解脱出来。他必须经过三摩地，才能在自我完全消失并找到阿特曼时，真正得到解脱。

阿特曼有很多不同的外表。将所有不实的外表去除，使阿特曼明白显现出来之时所达到的三摩地，是抵达纯粹意识的必要方法。

阿特曼的本性既是完全非物质的，也是非精神的。这只有在进入三摩地的情况下才能认识到。三摩地是一种自我完全不再存在、成为纯粹意识时的特殊状态。在这种状态，这个人一切的俗世都不再存在，业力也将消失，梵力呈现，内外同时，现在过去均不复存在。

三摩地是千万倍强过一切经书上所说的道理的。三摩地也是千万倍强过一切冥想成效的。在三摩地中，真正的梵才会清楚确实地显现出来，任何其他的方法都绝对不可能有这种功效的。故放弃身体的享受，净化你的内外，增加对梵的了解，打破因无明所带来的摩耶，再进入到三摩地的境界去吧！

内外的控制

和梵相连的第一个步骤是：控制言语、不收礼物、放弃世俗的野心和保持对梵的虔诚。经过对梵的虔诚，你可以控制你的感官，进而控制你的思绪。如此，我慢就会消失。一位瑜吉（瑜伽士）终将和梵结成紧密的关系，真心地与梵相连。

控制言语就是控制思绪，也就是淡化我慢和欲望。我慢和欲望是分隔阿特曼最重要的原因。要抛弃这些，必须外在和内里的控制同时进行。进行的方法就是"弃绝"。

第四章 商羯罗的《分辨宝鬘》

外在的弃绝是减少感官的享受。内里的弃绝是不要去认同我慢。最好的方法就是用虔诚的心对待梵。

追求解脱必须用弃绝和分辨两种方式，就像一只飞鸟必须用两只翅膀才能飞翔一样。有了弃绝和分辨这两个方法，就可以得到解脱了。

决心弃绝的人就能达到三摩地，达到三摩地的人就能发光，能发光的心就能离开包袱，能够脱离包袱就能得到喜乐。对那些生活在不快乐中的人来说，弃绝是到达快乐的唯一做法。如果能够同时将阿特曼唤醒的话，那么人们就能解脱了，所以，想要解脱的人就在外面尽快地弃绝吧！

躲开对感官的追求如同躲开毒药一般，不要再被种姓、家世、地位、阶级所迷惑。看清楚你不是你的身体。只有阿特曼和梵是唯一的，你应专注于此！

全神贯注于梵——你的终极目标。不要让感官的欲望阻碍你。信仰梵，你就是梵。梵给我们的快乐是永恒不灭的。

世界上的一切都不是真正的快乐，那只是虚幻的。不要在心中存放任何不是阿特曼的东西，因为那些都是不快乐的原因。在冥想中找到阿特曼吧！如此，方能解脱。

存在你心中自我发光的阿特曼是一切的见证者，它是远离一切虚幻的，它就是你的真我，用冥想去找到它吧！只有不被外在的感官打扰才能知道阿特曼就是你的真我。

掌握了这些智慧，用心地去保住真我，净化思绪，进入纯粹意识，完成梵我一如，终会解脱。

唯一

冥想阿特曼，它是不能分割的、无限无量的，有如不断扩张的全部空间一样。知晓它不是肉身，不是感觉器官，不是生命力（普拉那），也不是头脑和思想。这些都只是我们无明的反射物而已。

空间，如同装米的容器一样，看起来有千百种之多，但其实只有一个。同样地，那个纯粹意识的阿特曼，当他脱离了我慢和意识的限制时，那就是一个"唯一"。

从梵天到一根小草，所有这些不同的名和相，都只是阿特曼不同的显现，都不是真实存在的。所以，对这个唯一真实的阿特曼做冥想吧！

阿特曼是唯一的真实，宇宙的显现只是存在于我们的眼中，当真知灼见由心中升起时，阿特曼就完全独立出来，整个宇宙只是依附于它了。当你被迷惑时，你以为绳子是蛇，但当你清醒以后，你就知道蛇只是一根绳子而已。所以宇宙也只是阿特曼的误认罢了。

真我阿特曼就是梵天，就是毗湿奴，就是湿婆，就是整个宇宙。而这一切什么也不是,只是真我。我在内,我也在外;我在前,我也在后;我在南方,我也在北方;我在上方,我也在下方。

海浪、泡沫、漩涡和气泡,它们全部都只是水。肉身、我慢,这一切什么都不是,只是纯粹意识。所有一切都是纯粹意识,那个纯洁的喜乐。

我们所说所见的整个宇宙什么都不是,只是那个"梵",那个脱离摩耶的梵。所有的瓶、罐等容器都是用什么做的?人们饮下了摩耶之酒,迷失了一切,生出了迷惘,也生出了"你"和"我"。圣典上说"永恒的存在是看不到其他,听不到其他,以及不知道其他的"。在永恒的唯一中,二元性是不存在的,所以,请改正你那些错误的存在吧!

我是梵,是纯粹意识,如"空"一样无所不在,不可分隔,亦不可捆绑,不可移动亦不可改变,我不在内亦不在外,我是唯一的,没有其他。除我之外尚有何物?除我之外尚有何言?我是梵,梵就是一切,梵就是宇宙之母。圣典上清楚说明了这一切。

解救

放弃一切世俗的追求和身体感官的享受,放弃一切对精身的追求,知道你就是梵,那个永恒的喜乐,知道圣典所说的一切,如此,你将和梵合而为一。

当一个人只爱他的肉身时,他就是不洁的,他就与永恒是对立的,他必然再生、衰老和死亡,但是,如果他能冥想阿特曼——那个纯洁不变、永恒喜乐的本质时,他就能远离恶魔了。圣典上亦说明了这些。因此,放弃我慢及欲望,进入真我,进入永恒不变、独一无二的梵吧!

虚幻人间

当我们完全渗入阿特曼也即梵,这唯一的纯粹意识,这个虚幻的人间就自然消失了,一切成为虚幻。宇宙只是一个幻象,所有的一切只有那个唯一。如何分隔?如何改变?如何有二呢?所以没有追寻者、追寻物及追到者。如大海的海浪,所有形状最终都不存在。进入梵,所有的迷惑即消失,所有的黑暗亦消失,所有的一切只有那个唯一。只有一个真实,就是那个真我,不可能被分割成千万个。

如果千万个真我是真实的,那么,为什么在熟睡之中没有人能看到这些幻化呢?当认知到阿特曼这个"梵"时,整个宇宙的幻象即在真知之中消失了。时间已不复存在,无过去、现在和未来,既没有绳子也没有蛇,既没有海水也没有海浪。圣典告知我们,整个宇宙只是一个幻象,一个反射而已。唯一的梵是不二的,在熟睡之中一切均将消失。

是我们的无明将宇宙叠置在梵之上了,智者明白宇宙是不真实的,只是梵的反射。绳子可能被看作蛇,但当无明被移除了之后,绳子和蛇都将不再。迷惑根源于我们的思想,当思想进化后,迷惑亦将消失。因此,请你深入你的阿特曼,那个真实不变、永恒的真我之中吧!

梵我相连

当智者用心去和梵相连时,他的心智即完美。梵是不可言、不可思者,是纯净永恒的纯粹意识,是唯一的喜乐,不可比亦不可量,永远自在,超出一切行为和结果。就如同天空,不可分割,独然存在。

当智者用心去和梵相连时,他的心智即完美。梵是超乎一切想象之上,永恒不变,不可意想的。只有在圣典中显现,只有我们在没有了我慢之后才能自我显现。

当智者用心去和梵相连时,他的心智是完美的。梵是无生亦无死的,是没有过去亦没有未来的,如同一片无边无际的大海,深且平静。是超越一切动向的,是永恒不变唯一的纯净。去和你的真我结合吧!接纳阿特曼永恒的恩典,脱离了世俗腐败的恶臭和捆绑,到达解脱的圣地,你就不必再出生到这个世界上来了。

冥想着阿特曼,你的那个真我,从欲望和迷惑中逃出,结合那个永恒的真实、智慧和福佑,那个唯一的不二。如此,你就不再进入生死轮回之中了。

弃绝

过去的行为所造成的障碍使我们又活在这具肉身之中,而这具肉身只是一个迷惑的显现,就如同一个影子。如果你能弃绝了这具肉身,你就不用再生而进入另一具肉身了。

认清阿特曼,认清这个永恒不变的纯粹意识。完全弃绝对肉身的认同,不再依附这些肉身和心意鞘,因为,这些都是不洁之物。

真正的智者用梵的智慧之火烧毁无明,他认清了阿特曼,他知道这才是唯一永存的纯粹意识和永恒之福。

奶牛和它颈子上的挂铃是不一样的东西。梵的智慧和有限的身体也是不一样的东西。只有在梵的唯一和福佑中，才能不再受过去业力的影响轮回不止。认识梵的人才是一个真正的生命，不再有世俗的渴求和迷恋。一个完全的瑜伽行者终得在他的心中完全感受到阿特曼是永恒不变的喜乐和福佑，终身完美，得到解脱。

不再动情

不再动情即能明智，能明智即能无欲，无欲则能尝到阿特曼的果实，那永恒的宁静。

如果不能走到路的终点，那么也踏不出第一步。不再动情，完全满足和无比的福佑必须是一步接一步自然地连成。

明智的结果就是不再受苦。一个人在无明时可能会做出很多邪恶的事情。但当他有了明智之后，他还会再做出恶行吗？明智将使人远离邪恶。"我执"使人进入无明。比较一下已看清真相的人和被无明迷惑的人，他们一个抛弃了过去，另一个却追求虚无的未来。明智者不再被俗世所迷惑。

当心中无明之念被割去以后，对物质的追求亦即不再。那么，世界上还有什么东西能够再使你执迷不悟呢？

不再追求感官享乐时,就能做到舍弃。我私不再出现时,就将获得智慧。梵被我认知时,自我的解脱也即将实现。能够不断地接收到梵的纯粹意识时,就能远离俗世的苦恼了。能自我控制的人即得纯粹意识的照明,也就和梵永远合一,他就成为不变的唯一真实,超越了一切的行为。

醒觉

醒觉的特点如下:

已和梵及阿特曼永久地相连。

不再有任何不同于阿特曼之希求。

不再有二元性。

剩纯净融合的纯粹意识。

当一个人醒觉之时,就算他仍活在这个世界上,但已经不被这个迷惑的幻象包围了。他的心灵已融入梵中,不再无明,不再追求。世界的悲剧已远离他而去,肉身可以不在,但真我却永存。"我"及"我的"都不再约束着我,过去及未来都非我所追求,当下也非我所属。善恶都不伤我,主客均不存在,全部都是梵的化身,全部都是平等的。他永浴在梵的福佑之下,没有内需也没有外求,就像一位旁观者看着这具肉身和感官。经圣典之言,他认知到了梵，如此，也不再轮回。没有肉身，没有感官，没有了"我的"。用清澈的眼光，看清了梵我是同一的，看清了宇宙都只是梵的反射罢了。那些圣者可能赞美他，那些恶魔可能怒骂他，对他来说，都是一样的了。河流注入海中，海并不觉得被打扰了。身体感官进入心中，他却没有任何反应，他已经活在真实的纯粹意识之中，就算他的肉身还活在这个世界上。

打破迷思

知梵者，将不再受制于世。不知梵者，只能活于迷惘捆绑之中。知梵者，绝不会因为他前世的习惯而仍受其肉体感官的控制，因为前世的渴望和习性都已在他认识到梵以后完全被洗刷一清了。就如同一位最情色的幽灵国王在面对他自己母亲时也不会再动心，一个已经得到梵的福佑之人也绝不会受到俗世的引诱。经典上说，一位因为前世业力影响而无法达到冥想的人亦会因为认知了梵而不再受这些业力的影响。在有快乐和痛苦之时，过去的业力就会显现。一切业力都有种子，没有了种子就没有了显现。从迷惑中醒觉之时，一切的迷惑就消失于无形之中。当有了梵的智慧时，由百世的业力所造成的一切种子都将自动消失。

在睡梦之中，我们可能做好事也可能做坏事，但当我们由睡梦中清醒过来时，梦中所做的好事及坏事还可以带领他进入天堂或进入地狱吗？

阿特曼是永恒的自由和纯净，是不可碰触的，就如同空间一样。认知到阿特曼的人就不受过去、现在和未来一切业力的捆绑。在一个瓶子中间的气味是不会被嗅到的，在身体内的阿特曼也不会被身体所限制。

不停的箭

徒弟：我知道，在我到达光明之后，所有行为都不再影响阿特曼了。但是，在这之前的那些行为还会有影响吗？智慧不能改变以前，就如同一支被射出的箭，在到达目标之前，其方向是无法改变的。您把一条牛看成一只老虎，所以用力射出一箭，等到您看清楚是一条牛时，箭已转不回来，而必定会射中那条牛。

老师：是的，你说得对。过去的行为所产生的业力是非常巨大的，必会在具体的生命中体现出来，就是一个已经醒悟的人也不能免除。智慧之火只能烧去现世的和未来的业力，但过去累世所积存的已在进行中的业力是无法被阻止的。然而，梵我一如的能量终将在这些业力过完之后

第四章 商羯罗的《分辨宝鬘》

完美地保住这个已经醒觉之人,不再受到任何的影响而进入永恒的光明之中。

明智者不断地吸收着纯粹意识,他知道如何去达到梵我一如。梵是唯一的纯洁无依者。他不受任何三德的控制和沾染。三德属于肉身和心意鞘,过去所造的业也是原始肉身和心意鞘的,因此,这些过去的业力是不能影响到明智者的。明智者已经觉醒,不再活在任何世俗的梦境中了。一个已经醒来的人是不会再去认同那个梦中之人、那个梦以及梦中所追求的东西的,他已经醒来了,他不会再把梦中之物当成实物,也不想将梦中之物化为真实,如果他做不到这一点,那他还不是一个已经醒来的人。

同样地,用梵的智慧去和阿特曼永恒结合的人,他是什么都看不到的。虽然他还是要吃、要喝,要养活身体,才能活在这个世界上,但这一切是个梦,都不是真的了。要出生到一个身体内是因为业力的关系,这也许很悲伤,但阿特曼是无始无终的,不会因为业力而出生或死亡的,所以,不要误以为业力是可以决定阿特曼的。圣典说:"阿特曼是不会永远出生,也绝不会败亡的。"所以,任何业力都不可能影响到阿特曼。

无数世的业力对那些认为肉身就是"他"的人是有影

响的，但对那些已经醒觉知道肉身并不是真我的人是没影响的。

认为前世的业力会影响到真我的人是愚笨的，因为这个身体根本就不是真实的。一个不真实的东西怎会有出生？一个不曾出生的东西怎么会死亡？业力怎么会对一个没有出生、没有存在过的东西发生作用呢？当得到智慧时，那些因无明所引起的想法都自然消失。或许一个无明的人会问"如果这是真的，那么为什么一个已经醒觉的人身体还会继续存在呢？"圣典解释说，这是因为过去的业力在无明时所留下的能量。其实这样说只是为了让那些无明的人明白而已，真实的情形是，已醒觉的人是不会再受身体的影响了。

梵就是一切

在一个觉醒的生命看来，梵就是一切。无始、无终、不可量、不可变、独一无二。梵中，再无其他。

梵就是唯一的存在，纯粹意识，永恒的福佑，超脱一切行为，独一无二。梵中，再无其他。

梵就是永生不死的意识，充满了福佑，无限之大，无所不在，独一无二。梵中，再无其他。

第四章 商羯罗的《分辨宝鬘》

梵是不可分的。因为它是无所不在,所以是无法被限制的;因为它是超越宇宙万物的,所以也不能被捉住;因为它包容了一切万物,所以他是独一无二的。梵中,再无其他。

梵是没有任何属性的,是细微的,是唯一的,是不沾的,是独一无二的。梵中,再无其他。

梵是无法被定义的,不能体会亦不能言传,故是独一无二的。梵中,再无其他。

梵就是它自己,由它自身的超纯、恩典、福佑、喜乐中显出,独一无二。梵中,再无其他。

那些灵性追求者,伟大的心灵解脱者,不再追求身体感官的刺激和快乐。纯净自己,控制我慢,他们认知到了这个超纯的真实"梵",他们就会和梵合而为一,最终到达最高的喜乐之中。

你,同样地,一定要能分辨及认知到这个超纯真实的梵,认知到阿特曼的本质就是这全部的福佑,把你自己幻想出来的迷惑全部净化掉,如此,你就将解脱而得到生命的福佑。

净化你的思绪,进入三摩地,你就有了开放的眼界,能看清阿特曼的真相。从你师父的嘴中听到了经典中所写的梵之本质。现在,你必须完全放弃心中的怀疑,直接又完全地认知到了梵的一切。

你如何能够知道远离无明的捆绑从而得到解脱呢？你如何能够知道阿特曼是唯一的存在、纯粹意识和永恒之喜乐呢？圣典上的记载，老师的教导加上自己的理解能力，都可以帮助你。但真正能够进入你心中的唯一方法，就是亲身的经历，也就是亲证这一切。

捆绑或解脱，失望或满意，生病或健康，饿或饱，等等，都是一个人自身的经历，只有你自己知道这些，其他的人只能猜测你的感觉。师父和经典可以帮助学生觉醒，而一位聪明的学生，在神的恩典之下，渡过无明的大海，点亮自己，认知自己，求得亲证，找到那个不可分割的阿特曼，达到完全解放思想和身体。进入阿特曼的纯粹意识之中吧！

吠檀多哲学的最终结论就是：梵就是一切，只有在梵中，才能得到解脱。梵只有一个，是不二的。圣典就是对此的明证。

徒弟的喜悦

徒弟用心地听着师父的教导，学到了在圣典上证实的对梵的智慧，加上自己亲身体会到的经验，如此，脱离了

第四章 商羯罗的《分辨宝鬘》

感官的世界并进入阿特曼的真实之中。他就如同岩石一般稳固，专注在梵之中，一段时间之后，他回到普通的意识之中暂时离开了那份喜乐。他说：我慢消失了，因为梵我一如，所以我的欲望也都消失了。我超越了无明，已改变对世界的看法。那么，我感受到的喜乐是什么呢？谁来度量这个喜乐呢？我什么都不知道，只知道喜乐、解脱和无限。法海之中充满了灵汁及阿特曼的喜乐！这是难以用言语去形容的喜乐，也不能用理智去分析，就如冰雹融入大海般融化。现在，我虽然暂时回归到普通意识之中，但我仍然在享受阿特曼的喜乐呀！

宇宙在哪里？谁拿走了它？它化入到什么东西里面了吗？不久之前我还活在里面，现在，它却消失了，太奇妙了呀！

这就是梵的法海，有无穷无尽的喜乐，我怎能接受或拒绝什么东西呢？难道还有什么可以离开梵的喜乐吗？

最终，我完全明白了，我就是阿特曼。我的本质就是无穷的喜乐，除此之外，我一无所听，一无所见，一无所想。唯知真我。

伟大的灵魂，我向您跪拜。我的师父呀！您远离所有的执着，充满了智慧，您就是那永恒的喜乐，您就是那无尽的慈悲，如同无边的海洋。您眼中充满了仁慈，如同洒满一地的月光，令我得到永生的启示，不再受出生和死亡的痛苦。在您的恩典下，我找到阿特曼无尽的宝藏，永恒的福佑。我是受福佑的。我知道生命的意义，轮回之锁是绑不住我的。永恒就是我，永远的福佑也就是我，这都是神的恩典呀！

我不再被此俗世所捆绑，因为，我不再认为我就是我的身体或我的思想，我是那个阿特曼，永恒不死的真我——无限、永恒、喜乐。

我不再有行为也不再有由行为而形成的业力，我已超越这些。我是纯粹意识、真实、无死和平静。

我也不看，不听，不讲，不动，不痛苦，也不享乐。我是阿特曼，永恒的，不曾活过的，超出行为的，不被捆绑的，不被执着的。我什么都不是，只是那个纯粹的意识。

我不是这个客体也不是那个主体，我不是任何的体。我是纯粹及永恒的，我不在内亦不在外，我只是梵，是唯一的存在。我无始无终，不是"我"或"您"，"这个"或"那个"。我只是梵，唯一不二的，永远不弃的，无始无终的永恒和福佑。

我就是主，一切均臣服于我。我消灭一切的罪恶和不洁，我是纯净不可分的纯粹意识。我是一切的见证者，我就是唯一的主，我早就超越了那个"我"和"我的"了。

第四章　商羯罗的《分辨宝鬘》

我在每一个生命之中成为阿特曼，是一切存在的基础。不论是外形或是内涵，我是那个快乐也是那个给您快乐的。在我无明之时，我以为我和您是分开不同的，现在我知道，我就是全部。我就是那个喜乐之洋，无限，不可分。摩耶之风吹过我，制造了这个世界，它不过是一朵浪花而已。

因为人们的无明，误以为我就是这个肉体和精神，也误以为时间和空间的存在。将不可分的时空划分为循环的年、月、日、时，但是不论如何被无明所迷惑，"真实"是不会改变的，幻象中的河流是不会沾湿这个沙漠的。

如同虚空，我不会被包裹；如同太阳，我不会被错认；如同高山，我不会被移动；如同大海，我无边无际。

天空不会被云层所限制，我也不会被身体所限制，那么，我怎么会被醒着、做梦和无梦等状态所限制呢？我的外形来了又去了，随着我的行为之果而改变。出生，死亡，又出生，但真我是不变的，就像一座大山，独立又稳固，永远不会被移动。不论我的欲望还是欲望的结果都不是我所要的，我也不受其影响。那么，一个永恒不变如天空一样无边无际的真我怎会被业力影响呢？我为什么会害怕呢？

真我不是器官，不是肉身，不是思想，也不会改变。

真我不被分割，有无限的福佑。真我是不会被业力所影响的，不论是善行或恶业。所以，在圣典上清楚地写着"阿特曼是不受善恶影响的"。人不是他的影子，不论影子有什么遭遇——热的，冷的，好的，坏的，都不可能影响他本人。

一个人不会直接受那个他所不在的地方所发生的事情的影响，一个不在房间的灯也不会对那个房间发生影响。太阳看见一切事情的发生，但不受这些事情的影响。火烧光一切东西，但也不受这些东西的影响。绳子被误认为是一条蛇，但绳子还是绳子。真我阿特曼，纯粹意识是不受任何影响的。

我不是这个行为，也不是那个行为；我不是这个经验，也不是那个经验；我不是这个注视的人，也不是被注视的人。我只是阿特曼，自我发光，自我升华。

太阳反射在水中，所以当水移动的时候，无知的人会说太阳在移动了。阿特曼反射在肉体和意识之中，所以当肉体移动的时候，无知的人也会说"我在行为，我在经历，我在死亡"。

肉身可能死在路上，也可能死在水中，但我不受它的影响。空间被锁在一个罐子之中，但不会被罐子的破裂所影响。去做事或者去享乐，做傻瓜或者很狡诈，被捆绑或

第四章 商羯罗的《分辨宝鬘》

者得到解脱,所有这些都是我们理解力的反射行为。这和我们的真我之间是没有任何关系的,真我是梵,这个唯一的存在,没有第二。

摩耶幻化出成百成千成万种不同的存在,但这些对我都不发生任何作用。每个人都是摩耶的一部分,但是,乌云能够真正布满了整个天空吗?整个宇宙从摩耶幻化出的所有一切,都只是对梵的叠置。我是梵,唯一的真实,如虚空一样细微,是无始亦无终的。

我是梵,独一无二,宇宙一切存在的基础。一切因我而生,一切由我所赐,我存在于万象之中,却不受任何沾染。我是永恒、不变、纯净和唯一。

我是梵,独一无二,大千世界,摩耶幻象均融于我。我超越一切的思绪,超越一切的存在,超越一切的本质。所以,我就是真实、智慧、无限和喜乐。

我超越行为,故永不改变。我不是全部,也不是部分,我是超越这些的,故我永恒不变,独一无二,是唯一的存在。我是宇宙存在的灵魂,我是宇宙的万物但却超出万物,我是纯粹意识,既单一又全面,我是喜乐,我是永生,我是独一无二的唯一真实。

今天之前,我都活在梦中。在梦里,我活在迷惑的森林里,受尽了一切的苦痛和折磨,生、老、病、死无穷尽。再一世一世地死去。我慢之虎不断地咬着我，我不知如何才好！直到今天，我的师父呀！您把我从梦中唤醒，您的大慈大悲无限之爱将永远把我解放出来。

上师，我向您礼拜，您就是梵，您的光芒将世上受困的阴影照亮，我终得救。

至高哲理

一位肯努力的学生在三摩地之中得到阿特曼的福佑而获得了纯粹意识的觉醒。他拜倒在他的师父身前，师父满心喜悦，对他说出下面这些话：

人们对世界的感知就是对梵的感知，但，无明之人是不能体会这些的。这个世界什么都不是，只是梵的反射。用灵性之眼和清纯的心去认知到，梵是无所不在的。肉体的俗眼只能看到俗世的一切。已照亮的人知道一切都是唯一的梵呀！

一个有了智慧的人怎么会抗拒灵性的福佑而只相信外表的形态呢？当美丽的月光洒遍大地时，谁还要去看画在纸上的月亮呢？

不真实的经验是不会满足的，也不能使我们远离悲

第四章 商羯罗的《分辨宝鬘》

伤。要有满足的经验，就必须要能经验到那个甜美的梵才行，将你自己虔诚于阿特曼吧，那时，就能快乐地生活下去了。

高尚的灵魂呀！这才是如何生活的方式——看到到处都是梵，享受阿特曼的福佑，并全神贯注于独一无二的阿特曼上。

阿特曼是唯一，不可分的纯粹意识，而宇宙中所有的名相都如同空中楼阁一般。因此，应知道，你就是阿特曼，那个唯一的喜乐，无尽的福佑，永恒的安宁。在这个安宁之中，一切平静无痕，智慧取代了无明，终将使我们得到梵的永恒福佑。

认清阿特曼的人是真正醒觉的人，生活在阿特曼的喜悦之中。一切的身体欲望均已不在，只有一片宁静。此时，不论是在走路、站立、坐卧或睡眠，都能感到空气中充满的快乐和自由。

当一个伟大的灵魂使自己从迷幻的思想中净化而解脱出来，并完全认知到梵的真谛时，就不再需要有一个神圣的地方、道德的约束、做体位法，以及在冥想时想着一个主题等。因为，他的智慧已使他不再被任何条件所限制了。

认识一个罐子就是一个罐子，难道还需要特别的条件吗？只是领会的方法罢了。故我们要有一双不被扭曲的眼睛，如此，就不会看错那个东西了。阿特曼是永恒的存在，是由纯净的经验去领悟到的，是不受任何地方、时间或宗教仪式所限制的。

我不需要任何特别的方法或条件去知道"我就是梵"。对一个梵的领会者，也不需要任何条件去证明这些。阿特曼，自我发光，并成为宇宙出现的原因。但是，在宇宙中的任何一个人能看清这些吗？如果没有阿特曼，那么这些现象、身体还会存在吗？

吠陀经、往世书和一切的经典如果没有了阿特曼以后还能够存在吗？如果阿特曼不是一切存在的基础，它们如何能够领悟到阿特曼？

阿特曼自我发光，能量无限，在肉体感官之中却无从得知。能亲证到阿特曼的人即能得到解脱，充满喜悦，获得最大的殊胜。肉身的一切已不能令他忧愁或快乐。在阿特曼的光芒中充满自我的喜乐，满足又甜蜜。

小孩在玩玩具时，会忘了饥饿和身体上的疼痛。同样地，梵的智慧让每一个阿特曼忘掉了"我"和"我的"之存在。他不会为衣食担心，他在溪中饮水，他无拘无束地过活，他毫无恐惧地在森林中或火葬场睡觉，他不穿衣服所以也不必洗衣物。大地就是他的家，吠檀多就是他的路，梵就是他的玩伴，他永远存在。阿特曼的智慧令他忘

第四章 商羯罗的《分辨宝鬘》

掉了他的身体,他只是把身体当成一个载具在使用。如果有人供给他舒适的房子,那他也会把它当成是小孩的玩具一样,他不会感到任何不同,他不会执着外界的一切了。

他可能穿着华丽的衣服,也可能什么都不穿,他可能穿着虎皮或只是智慧衣(天衣),他可能像个成人,也可能像个孩子,又像头脑不清之人,他流浪于地球。

他漫无目的独自行走,他一无所求,阿特曼之光已使他有了永恒的满足,他到处看到的都只是阿特曼。

他有时像傻子,有时像智者,有时像高贵的国王,有时又像低贱的乞丐。有时沉思不语,有时又高谈阔论吸引人潮。有时被人崇拜,有时又被人侮辱。这就是一位得道者的生活,永远在最高的喜乐之中存在。

他不富有但知足,他无助但有德,他一无所求亦不取。即便他不被平等对待,他也对众生平等。他行动但不造成业力,他得到了以前所造的业但已影响不到他。他有身体但他并不会认为他就是他的身体。他不会被分割,他就是一切,无所不在。

有了梵的智慧,不再被肉身所约束,不再有快乐和痛苦,不再有好的或坏的之分。只有当一个人仍然认为他就是他的肉身时,才会有所谓的快乐与痛苦,好的或坏的之分。圣者们完全认同了阿特曼和梵,当然也没有了好坏之分。

对一个无知的人来说，他不知道日食是因为月亮遮住了太阳而产生，他认为太阳被恶犬吞下去了，但太阳是不会被任何东西吞下去的。同样地，无明的人以为已经知道梵的人仍然只是活在他的肉体里，实际上那个已知梵的人早已不受他的肉体之累，肉身只是那个阴影而已。他虽然生活在他的肉体之中，但他并不是他。他早已流离出去，就像蛇蜕皮一样，他的身体从你这里到那里，完全只是生命力的逼迫牵引，那不是他。

木头随着河水漂流，他的身体在时间之河里，随着他以前的行为漂移。在前世，他是一个无知者；他制造了很多的业力，所以今世他要受这些业力的牵引而快乐或痛苦。但是现在他已经觉醒并被点亮，不再认同他的肉身，他的肉体虽然仍然会因过去的业力而有快乐及痛苦，看起来就像其他那些无明的人一样，实际上，他只是一位旁观者，他的灵魂完全清纯。没有任何障碍，也不会移动，如同车轮之轴心一般。他不会把注意力向外，也不会向内，他只是在一旁观看，毫无所动，从来也不期待任何的结果，因为他已完全被阿特曼永恒喜乐包围。他早已舍弃任何追求，不论是今世的或者是天堂里的，他完全沉浸在阿特曼之中，所以如同希瓦（湿婆）一样，一个完全明白了梵的人。

第四章 商羯罗的《分辨宝鬘》

虽然他仍有肉身,但他已完全自由,完全福佑。在肉身死后,他就梵我一如,追随着那个独一无二的梵。一个演员不管演多少种不同的角色,他都是他自己。一个已经认知到梵的人,他的身体有一天会死亡,就像树上的树叶会飘落一样,但他早已抛弃了他的肉体,他的肉身早已被梵的智慧之火烧完。他的那些皮、肉、汗对他毫无意义。他也不再需要去想时间、地点、食物等问题。

一个人抛弃外界的俗世或舍弃他的身体都不是真正的解脱,真正的解脱是能够斩断心中那个无明之结。

一棵树会因为它的叶子落在山谷或落在河中而改变它本身吗?落在一个圣地和落在一片荒野会有什么不同吗?

毁灭了身体、感觉器官、生命气和头脑就如同摘下树叶、花朵或果实一般。而阿特曼就是那棵树,仍然站立在那里不受任何影响,它本身就是不受一切捆绑的喜乐。

经典说"阿特曼就是纯粹意识",也就是永恒的真实。所以外在的身体只是遮盖了那个永恒的真实而已。那个真实是不会改变或毁坏的。

石头、树、草、稻、梦、衣服和其他一切物质在燃烧以后,就变成灰烬。肉身、感官、普拉那、心意及其他一切显现的生命象征在得到梵的智慧以后,就变成了梵。黑暗被日光照亮,整个世界也被梵显现。当罐子被打破以后，罐内和罐外的空间就不再分隔；当肉身被智慧之火毁灭之后，认知梵的人和梵也不再分隔。

将牛奶倒入牛奶中，油倒入油中，水倒入水中，它们都会混合在一起。同理，得到智慧的人，也将和阿特曼融为一体。

在这一世中能够和梵结合而解脱的人，将永远不会再进入轮回之中。他已经用智慧之火烧光了那些肉身上的东西，那个已经和梵合一的东西还会再出生吗？同时，所谓的捆绑和解脱也只是我们无明所生出来的感觉，在真我之中是没有这些东西的。

就如同绳子就是绳子，我们误以为那是一条蛇，但那条想象中的蛇根本是不能变成绳子的。人们都在说轮回和解脱，认为这都是无明所造成的障碍。实际上，梵是没有任何障碍的，梵是独一无二的。如果梵是有障碍的，那如何能成为独一无二的呢？捆绑和解脱只在脑海中出现。但因为无明，这些东西取代了真我——阿特曼，就如同太阳被乌云遮住。但梵是独一无二的，永恒不变的，是纯粹意识。认为阿特曼会被捆绑或解脱都是错误的，捆绑和解脱都是我们脑中想出来的，它们都不可能附着于梵之上，梵是唯一的永恒真实。

所以，捆绑和解脱均因无明而起，在阿特曼之中是纯无一物的，它是永恒不分的，是平静、无瑕、超纯的。梵是独一无二，如空间一样遍布一切的，怎么还有人会以为除了梵以外还有其他的存在呢？所以世间没有出生和死亡，也没有捆绑和解脱，没有永生或永生之后，唯一的存在只有那个唯一的真实。

今天我已经将最高的哲理讲给了你，这就是吠檀多的真理，是一切圣典中的至宝，我将你看成我自己的孩子，一位寻找解脱的追求者，你在黑暗之中努力朝圣，你的心中已无任何执着。

听到这一切，弟子怀着虔诚向师父跪拜，在师父祝福之中，他向前走去，丢掉了一切无知和捆绑。

师父也向前走去，带给所有弟子光明和净化，使他们将自己融入唯一真实的喜乐之中。

从以上的师徒交流中，阿特曼的本质很容易被追求解脱的人体会到，祝福在世上一切追求真理的人在无私的善行中得到福佑。祝灵魂的追求者真心地清洗他的心，无私地奉献，放弃一切世俗的享乐，在圣典中找到真理。

那些还在世间被无明所隐蔽，如同太阳被乌云所遮挡的人，希望能够领会一代宗师商羯罗的思想，最终得到完全的解脱。

第五章
《吠檀多精髓》解说

《吠檀多精髓》的作者是真喜(萨达南达,Sadananda),他大约出生于16世纪初,这已是吠檀多大师商羯罗出世后约800年。此时的佛教和耆那教等以及其他的哲学派别在印度均已势衰甚至完全消失,而吠檀多哲学吸收了各派之大成而成为印度哲学界的最强流派。《吠檀多精髓》是介绍商羯罗的吠檀多经论之作,但并非商羯罗本人所作。故二者有所不同。

现将《吠檀多精髓》解说于后:

开经颂:
我皈依于那个唯一的真实,唯一的智慧和唯一的喜乐,

从此远离了俗世的言语、迷失的思想和虚幻的意象，
真我和那个唯一是没有分别的，
愿我能如你一样。
向吾师不二喜乐师礼拜，
你已超脱了二分而融入实一，
现在我将向你述说得到智慧的方法，
就是吠檀多精髓。

开论

吠檀多者，就是以奥义书为本，由《梵经》《薄伽梵歌》等经书相辅而成。吠檀多者，吠陀之终结也。

随系

学习吠檀多有必要的条件，这叫作"随系"，共分为四种：

资格

有下列资格的人才能学习吠檀多，共分三项：
第一，已经依照传统学习过音韵学、礼仪学、文法学、

韵律学、天文学和字源等基础学问,并明白吠陀意象者。

第二,本心清洁者,即已修过净业的祭祀和冥想者。

第三,有下列四种能力者:

(1)分辨何者为真何者为假者。

(2)完全放弃一切人间及天间的享受者。

(3)有以下六种善美的品德者。

A平静,B内敛,C忍耐,D满足,E稳定,F平衡。

(4)追求解脱者。

对象

"对象"就是我们所要知道的,但是,梵却是永远不可知的。现在,我们是一个未知者,将梵作为对象去学习,只是一个未知者将它当作客观的目标,必须要等到"亲证"以后才能够知道那个真实的对象,但那个时候已经"梵我一如"了。我们所想要学习的对象已经不存在了,这是吠檀多密意所在。"梵我一如",超纯精神,亲证就是所谓的"对象"。

关系

我们所要学习的对象和说明这个对象的奥义书之间的关系是什么?即:被知者和说明者之间的关系为何?

结果

知道了学习的人、学习的对象、借以学习的工具以后,就必须知道学的结果是什么了。结果有两个,一为消除无明,一为找到真我。奥义书上说:"找到真我者永恒喜乐。"

上师

作为一个有资格学习吠檀多者,必须要有求解脱之心。拜求一位上师是唯一的方法。上师就是梵的代表,上师是崇高圣洁的。只有上师才能为你除去无明,帮助你认清自己,上师不是传授你知识而是带你得到修行的经验,并经由上师的磁场,取得更多的灵性能量。师父的重要即在此,在师父前面是没有自己的。

传授

传授由两方面进行,一是增益(加上去),一是损减(说开来)。因为所学的对象"梵"是永不可知的,故必须先说是什么,然后再说他不是什么,学习的人才能由此悟其道，这就是传授的基本方法。譬如认绳为蛇，是加上去，再说这不是蛇，就是说开来。商羯罗将梵分为"有德"和"无德"两个层面以解决传授的方法，即是此法。

增益

"绳子并不是蛇，加上去使其成为蛇，在事实上加上一个非事实，即为增益。"事实是梵，是真、智、喜、乐、永恒、不二。非事实是无明和因无明而形成的一切。"无明是真非真，不可知。有三德即萨埵、罗阇和答磨，它们和智慧是相违背的，并因此而形成宇宙的一切。"奥义书说："神力为自德所蔽。"因为三德的不平衡产生业力之后而产生无明，无明将梵蒙蔽而形成宇宙万象。故真实是梵，非真实是宇宙万象。无明可以从两方面来看，说它是一，或说它是多。说是一，便是合。说是多，便是分。

如何合看为一？有很多的树，用"合"来看时，便是一片林；有很多的水聚集在一起，用"合"来看，就称之为池。宇宙中的所有生命用"合"来看是因无明而成，故称之为一。这个一不是原来的那个梵，而是依上了无明而出现的梵，是神圣者，我们称之为"伊喜瓦拉"，也就是我们个人所崇拜的神祇，在古时释之为"自在天"，或释之为"梵天"的那个宇宙的创始神,即现今的四面佛。

这个一,依于上梵,以萨埵即"喜"为本质。这个由纯粹的"梵"被无明所依的"合",即自在天。能知一切,能主一切,能引一切,具有各种倾向,是一切分的纯粹原因,是宇宙生成的原因,是不显现出来的。这个原因既是作者,又是原料,名为自在。能照亮一切无明。故能知一者,即知一切,知其总者亦知其分。

就自在天言,它的"合",是一切的原因,故也叫作"因果身"。因为它富含"喜乐",就是"阿南达",它又可以将粗身和精身的世界都包含入内,有如熟睡的状态,既无知觉也无梦,是一个"因果身"的无知状,故得"喜藏"名。因为一切均停止,故又得"善眠"名。

"无明"又如何分开来看而成为多呢?比如一座森林,分开来看,就成为每一棵树,而每一棵树都有它自己的名字。又比如一座池子,分开来看,就成为众水。如将无明分开来看,就成为宇宙万象。而这种分开的术语就叫"摩耶"。因为分开来看成为每一个小的身体,只是局部而非全部,虽然仍是"喜",却不是"净"而成为"浊"了。

这些分开的所依心,所知极为渺小,无主宰力,但因为仍有自在天的倾向,故称之为"小慧"。这些小身体仅能照知自己的无明,因而和无明结合,而成此小慧。这就是我们有"五根"和"五大"等的原因了。

在我们熟睡无梦之时，如何能享受到喜乐呢？我们平时的知觉是由"心"所得知的，在熟睡时，心已投入无明之中，所以只有无明在感知。这种感知极其微细，不能被我们所明知，但"无明"又何以能知呢？是因为借心所照之故。因为"无明"是依于心的，离了心，什么都不能知道。

这一全一偏，一合一分的"自在天"和"小慧"有无分别呢？这个合与分，如同林与树，如同池与水，并没有任何分别，林所占的空与树所占的空，池中所映的空与水滴所映的空也并无分别。合的"自在天"和分的"小慧"都是由"心"加"无明"而成，实为一体。

在这个林、树、池、水以外的那个本来就有的原来的空，是那个原本就存在的"无依之心"。这个心叫作"第四"，是指在熟睡、梦位、醒位以外的第四态。也可以解说为这是宇宙中个别的生命，集体的自在天以及它们本原的无明，这三者以外的那个"第四"。

这些虽然都无分别，但就其本身而言，都是不同的。之所以不同是因为三种性向合成的不同。这第四与前面三者是可分而不可分。这个无依的原本"清净之心"和被无知所依的那个"所依心"加上"无知"，这三样是不可分的，如同热铁球的"热"与"铁"与"球"一样，是合而为一的。

无明是什么？无明具有两种能量，一种称为"覆"，一种称为"散"。

覆（avaraan）是能够遮蔽本来面目的能力。譬如，一小片的云在观察者的眼中可以遮住整个大太阳。无明虽然有限，也可以从观察者的慧力中生起无限蒙蔽之力，将纯净之我遮蔽了。

真我（阿特曼）的本来面目如同太阳一样并没有因为有云遮蔽人眼而起了变化，是愚昧者为无明所蔽而不见了真相，便说自己被生死所缚而已。真我为无明的"覆能"所限，觉得自己既是作者又是受者。有苦、乐、痴以及空虚的生死轮回，正如同绳子的本来面目被无明覆蔽以后，便成了蛇的形象一样。

散（Viksepa）是能够在被遮蔽了真面目的情形之下以自己的能量现出另一种面目的能力。譬如对绳子的无明，使我们在绳子的形象上自己生出了蛇的样子来。无明在真我被遮蔽的情形下以"散能"现出了宇宙现象来。最先现出空，再由空次第生出地、水、火、风等，共五大元素。

宇宙是由具有两种能量的无明依附到梵（真我，心）之上而成的。以自己（梵）为本就成为作者，以被依（无明）为本就成为材料。如同蜘蛛结网，以自己为本则称为蜘蛛（作者），以被依为主，就成为蛛网。换句话说，由其本身变出种种（作者），不假外力，所以身兼二职。由具有散能的无知依于真我之上，用答磨（三德之一）为本，就生出了空，空生风，风生火，火生水，水生地。

在这个生成的五大元素中，所见均为没有意识的东西，所以知道它形成的原因必定是以答磨为主。因为因中有果，果必似因。形成宇宙的三德是萨埵、罗阇和答磨。由果中的情形，可知因中之"德"有多少。这就是"作因德"和"所作德"。

五大元素都是纯粹未混合的状态，叫作"细大"，每一大还细分为五种成分。细大又生出"粗身"和"精身"。精身有十七分，即为支身。在十七分中，"知根"有五知根，分别是耳、身、眼、舌、鼻。这些是从五大元素中的萨埵的一部分个别次第生出来的。"觉根"，其定义是我们内心活动的状态。"意根"是愿和疑的心理状态。这几种心理状态均是出自五大元素的萨埵的部分，不过这是五大元素的集合，并非个别的存在，所以与"知根"是不一样的，又因它们都是以光明为性，故必然都是以萨埵而生成。"觉根"与五个知根结合，便成为"识藏"。"识藏"就是个别的"生命"，叫作"吉瓦"（Jiva）。吉瓦自以为是创造者和被创造者，在世间流转生命，享福受苦不止。

"意根"与五种知根相结合叫作"意藏"。"作根"共有五种，即舌头、手、足、谷道及男女性器官。这里的舌头是说话用的，不是吃东西辨味用的知根。这五个作根是从五大元素中的罗阇个别次第生出来的。

最后还有五种"气"：一是"命根气"向前行，行于鼻端。二是"下行气"，往下行，行于气脉等处。三是"遍行气"，遍布全身。四是"上行气"，在喉头以上行走之气。五是"平行气"在身体内部消化饮食。这五种大气之外还有五种小气，如呕吐、呵欠、喷嚏等，此处我们仍只说五气，因为五种小气可以归入于命根气之中。这五气又是由五大元素中的罗阇之力所集合而生。

这五气和五种"作根"相结合就称为"息藏"。因为它们以造作为性，所以认为是"罗阇之力"的产物。这三种"藏"中，"识藏"具有识力，是作用相。"意藏"具有欲力，是能作相，"息藏"具有作力，是所作相。换句话说，一个是作者，一个是工具，一个是作。这三种"藏"合起来便是"精身"。精身以"一"为所知对象，如森林、水池，就出现了"合"；以"多"为所知对象，如树林、水滴，就出现了"分"；用"合"的观念来看，称之为"线我""金胎"或"波那"。因为它能识穿一切。在这个观念之下，这个金胎具有知、欲、作三种能量。这是以粗身为宇宙现象之看法。因为相对于粗身，精身性微细，故称之为精身，也就是前面所说的息藏、意藏和识藏三藏。在这个精身之中，包有醒和做梦等状态。所以是粗身的"戏论"灭入之处。

用分的观念来看，称之为焰炽，因为无知依于内心，而内心是以火为主，故名焰炽。对粗身言，这个精身也是息藏、意藏和识藏三藏，也有醒时、梦时和无梦时。是这个人的灭入处。这是以分看。

宇宙和个我的本性能分辨粗精。用分合的观念来看，如同林与树，以及它所遮蔽的天空，亦如池与水及所倒映的天空。其中并无差别，这些等同于精微的对象，亦称为精身。

现在再进一步，由精而粗。粗就是五大元素，地、水、火、风、空，将这五大元素"五分"成为宇宙组合的原始因素。其方法如下：先把五大元素各分为两半，然后把其中的一半再分为两半，再把这四分之一分配到自己以外的其他的四大元素中去，如此就混合了各种粗大。例如：二分之一空+八分之一地+八分之一水+八分之一火+八分之一风=1地粗大元素。

用"五粗大"不同组合而形成的宇宙即遂次出

现。"声"在空中出现。"声"与"触"在风中出现。"声""触""色"在火中出现,"声""触""色""味"在水中出现。"声""触""色""味""香"在地中出现。这五大元素混合的大种再出现天和地。

天有七层,越上越高。地有七层,越下越低。随着出现其中包括的四种"粗身"及与它们相适应的饮食。四种粗身即是生物"胎生"如人、兽类。"卵生"如鸟、蛇。"破生"破地而上生,如树木、藤蔓。"湿生"由汗而生,如虱、蚊之类。

这全盘出现的宇宙再分看合看一次:就合来看,便叫粗身、食藏、醒位。就分来看,这个被所依之心,即为一切,不弃精身,入粗身故。此其所分,即为粗身。食所变故,说为食藏,亦名为醒。这合而为宇宙,分而为个人就如同树与林,池与水,实无分别,这就是宇宙生成之五大元素五分,以及粗戏论生成的道理。宇宙即已完成。这"增益"的方法便可以下结论了。

这个粗身、精身,因戏论之合,如众木合成为一大林,如众水合成为一大池。这个被依附之心,合成为"自在天"。如同众林所遮蔽的天空,如同众池所倒映之天空,实为一事。这个被依附之心,与那个并没有被依附的原心与无明共合一起如同那个热铁球一样,如果将这些

——分离开来，倒过来溯上去便是把"加上去"变成"说开来"了。

梵（无所依心）+无明=所依心（合为自在天，分为小慧）→未五分之前为细大（具有萨埵、罗阇和答磨三德）→（是精身（合）与焰炽（分）之始+已五分之粗大（一切人（合）一切（分））=梵卵。

能够因此而知道那个恒常、纯净、醒觉、解脱的自我时，便知"我是梵"的真意，乃吠檀多智者所悟。如是如是，是为增益。

损灭

损灭的方法，是把绳子变幻为蛇。绳子是真实的，蛇是转幻出来的，并非真实的。如同宇宙是由无知依于梵而转幻所成的，并非真实。本质并未改变的改变，称之为转幻（vivarta），如果连本质也改变了，就称之为转变了（vikara）。由此推论如下：四种粗身，全合为一，它们因饮食等及其所依的十四天地等，合称为"梵卵"。而这一切，均是因为五大元素合成。而五大元素未分之前，具有萨埵、罗阇和答磨三德，三德被无明所依，以"自在天"为首，生成宇宙。故在被无明所依之前的那个"无依"即是"第四"，即梵，如是而已。将宇宙出生的原因说开来，就是损灭之法了。

在吠檀多的理论中，必须把物质（我）加以否定，说它是幻化出来的，为的是出现宇宙幻境，为的是束缚真我，而最终目的仍在认识自己的"本来"就是那个独立未曾受缚的真我，由此，以得解脱。同时使这种幻力似的物质也寓于精神之内去了。好像白云幻现为苍狗，云还是云，并没有另外一只狗。我们最后再进一步，便连这代表幻化过程中纯粹精神的大神"自在天"也被打倒了，达到了最后存在的唯一的真实。绝对的精神，永恒，不可言说，不可思议的梵。这些，便是"损灭"。

经训

吠檀多共有十二句最重要的句子，其中最重要的两句，即"那就是你"（That art Thou）和"我是梵"（I am Branman）两句。前句是对别人的客观的指示。后句是自己亲证的主观的声明。这两句是吠檀多的根本思想。现在，先解说"那就是你"的含义。

"那"（that）是从"合"的方面来看的整体。合由三样东西所组成，一是"无明"的集合，二是依附上了

"无明"而以全知为特性的心,三是本来没有被"无明"所附上的原本之心。这三者不能分离,像一个热铁球的"热""铁""球"一样,三者合起来便是"那"的目前之像。

"你"是什么呢?你(thou)是从分的方面来看的个别之小梵。"无明"细分之后,和被其依附的那个"小知",加上那个不被所依的原本之心,都如热铁球一样,显现为一,这个就是"你",是少许知,是小慧,是内在之喜乐,也就是人的第四种状态,故"你"只能从"分"来看。

那"依""无明"和"被依了的心"之下面原来不动的心,便是"那"的原本之心,故"那"是从合来看的。

合的特色是一切知,是自在天。分的特色是少许知,是小慧。现在要将"那"和"你"画上等号,使"那"是"你"成立。

在"那就是你"这句话中的"那"指的是直接知道的这个"心","你"指的是间接知道的那个"心",但两者都指的是同一个"心",意义相连而一贯。这叫作"同位关系"(Samana-dhikaranya)。在直接所知道的那个心(梵)和间接所知道的这个心(你)中,如果把形容词"间接"和"直接"都拿掉的话,剩下的那个心是没有分别的，只是不同的形容词而已，故"那"（梵）和"你"是同样一个东西，这就是印度注经方面所谓"能别，所别（Visesana-visesya）"的方法。

用这个方法把"直接"和"间接"取消，便得到一个不分直接与间接的那个"原本之心"了。"那就是你"，一旦恍然大悟就得到解脱，如果"那"和"你"之间没有一个共同的依靠，这句话就了无意义而且自相矛盾。

下面再说"我是梵"这句话。"我是梵"是一种直接的经验。在了解了"增益"和"损灭"的方法，以及对"那就是你"的说明后，经过"经书"的教导，我们知道"梵"是不可分的，宇宙是一元的，我们更以这不可分的宇宙为意境而生出一种心理状态，即直接经验到"我是梵"。这种心理状态即是真的心之反映。用梵为对象，但不能照见梵，而只能消除梵上面所存在的无明。因为这梵就是使这心起作用照见其他的那个心，所以与内心不可分，而且它自身便是发光体，不能被照见，更不能为自己所照射物体反射的光照见，被照得没有了的只是它上面的阴影而已。但严格说来，阴影也不能被照见，因为光所到之处阴影也没有了。线是布的因，线烧了，布也没有了。无明的阴影既除，由之而生的一切也就没有了，连似乎独立的心理状态也没有了。与梵合而为一了，好像灯光被太阳光吸收了一样，又像镜子没有了，镜中的像也没有了，只剩下了原来的真面目。因此，悟到了梵的时候，连悟也没有了。这才是真正的"无所得"，自然也就不可言说、不可思议了。

这里所要说的，就是月光可以把一切东西都照亮显现出来但并不能照亮太阳，因为月亮的光只是太阳光的反射而已，自己是没有光的。同理，每一个人内心所谓的"心转（意识）"并不是真正的有那个意识，只是梵被无明占用以后反射到每个人的内心而已。每个人的那个"小慧"并不是真的能够认识这个宇宙万象的真正存在者，那只是梵的反射。人与梵的关系就如同太阳光和月亮光一样，月亮光是不存在的，它只是太阳光的反射。人的小慧也是不存在的，只是梵的反射，故"我是梵"。没有梵也就没有我，我因为无明而不知道梵我是不分的，无明的阴影分开了梵和我，当你能悟到我是梵时，这个阴影就不见了。若没有阴影，连悟都不存在了，原来的光和反射的光也连成一体了。

知道这些以后，要真正大彻大悟，还需要下一番功夫。下面要教的便是亲证的门路。

第五章 《吠檀多精髓》解说

亲证之路

如何可以自己修到亲证之路呢?共有四样法门。

传闻

传闻即是用六种方式以获得吠檀多的密意,去懂得那唯一的真实,这六种方式如下:

1. 始终:把一篇之内的主要论题在篇首和篇尾都提一遍的方式。

2. 回复:在一篇之内多次提到所论之主题的方式。

3. 无前:以前的知识中是不曾有过的方式。

4. 果用:得到知识及修习之后的效果为何。

5. 义说:在教授中时时称赞所授义旨之方式。

6. 近得:用类推去证明的方法。

用这六种方式研究吠檀多,便是修习的第一样法门:"传闻"。

思量

思量即是学了经典以后还要时时研究其中的义理是什么。

冥想

将所有的不实及肉体均忘掉，只剩下川流不息但仍与这最后真实相同的思想。

三摩地

三摩地即是"入定"也叫作"等持"，这是最重要的修炼了。正统的瑜伽派只教这个。佛教也是用同一种方法。其根本，是来自数论派。

在数论中，是如此解释："等持有二种：一有分别，一无分别。"有分别等于《瑜伽经》中的"有知"。无分别则是《瑜伽经》中的"无知"。

此中有分别者，即于不二之最后真实之上，将心理状态也化为与这最后真实同体，不过还没有忘记"知者""所知"和"知"的分别，虽然已由多转为一，但还欠缺了一点，还没有完全没入其中，也还看得到所照之光，就是还见得到那个本性（自相）。

颂云："见自相如空，最上，永光，不生，不灭，不垢，遍行，复不二，是即为我永解脱。唵。"

无分别者，由极其专注化而为一，这时心理状态与最后真我已完全合一，因此主观、客观、知者、所知，以至于"知"都不见了,这便达到了最高的境界。这情形有如熟睡,但熟睡是心理完全没有活动的,因为所有活动均已和梵合一了。此为两者不同之处。有颂云"无分别者,已失知者,知等分别,即于不二事实之上由依彼相所成心转,以极一性得住其中。如盐化水,唯水可见;依此不二事实所成心转亦隐,唯是不二事实独存。是故此境及与善眠,实无分别,不应质疑。于此二者中,虽具无心转,然一中实在,一中则实无,由是二者分别得成"。

达到"三摩地"的修行方法,共有八种,是根据《瑜伽经》得来的,分别是禁制、劝制、坐法、调息、制感、专注、冥想、三摩地。

禁制(Yama)有五:不害、不诳、不盗、不淫、不取。

劝制(Niyama)有五:清净、满足、苦行、善学、事天。

坐法(Asana):是打坐时手足放置的方法。

调息(Pranayama):指调度呼吸的种种方法。

制感(Pratyahara):把感官全部收回封闭的方法。

专注(Dharana):全心专注于不二实事,最终知真实。

冥想(Dhyana):即禅,内心专注在唯一真实之上。心的活动如一流水,但仍时被切断,未达最高境界。

三摩地(Samadhi):即定。当冥想变得持久而连续,心意融入冥想对象时,就达到了三摩地。

学会这八种方法,要达到无分别等持还需克服四个障碍:失、散、染、味。失者,心中所想的不是那个不二,而是转入睡眠。散者,心中所想的不是那个不二,已转成他物。染者,虽然没有失散,但因贪恋那种心定而转成静止状态。味者,因贪恋入定的喜乐而不再求进步。

在冥想中,心如睡着了,或转移了,或停止了,或贪恋那种喜乐,自然会妨碍进步而不能达到最后的境界。如果能将此四碍一一消除,心如一盏明灯无风不动,完全专注于真实不二,此时即称为无分别定。颂云:"于失应唤醒,心散应使寂,若染应识知,得寂应勿扰,于味勿耽嗜,以慧俾无着。"又云:"灯于无风处,不动极其喻。"

解脱

修行的全部课程都是为了一个最后的目的——解脱,解脱是什么?便是亲自证到了梵我一如的那个境界,得到了真正的自由,精神上不再受到束缚,内心得到最高的喜乐。

解脱细分起来又有两个阶段:一是"有身解脱",一是"无身解脱"。"有身解脱者"是已经证得真我的本性和梵是不可分的,对在其中的一切无明也都看清楚了,并将无明及其造成的业力、疑问、颠倒、贪瞋、缠缚等全部除尽,直接去和梵相连时之状况。如圣典上所说:"心结即已断,一切疑尽除,所有业已灭,见先与后故。"这是指精神上的自由,物质上他仍然生存在这个世界上,那么他对自己的物质生活持什么态度呢?"有目若无目,有耳若无耳。"

获得有身解脱的智慧以后,知道由肉血尿粪所合成的身体,由暗愚昏笨所聚的器官,由饥渴恼痴所成的内心意识都会因业力的影响而继续存在,但因为已清楚明白这一切都只是摩耶幻象,故虽然看见,实为不见,虽有所闻,亦实为不闻。"虽醒如熟睡,不见二见一。虽作,未尝作,知我,无复疑。"肉体虽然还在,但唯有善事仍存,甚至不复分善与不善。最后连知道梵的意识也解脱去了,这才是真知道"我"的人,别的都不是。精神解脱之后,连美德也只等于装饰品了。此时没有了无明、嗔痴等,一切善德也悉转为装饰品,颂云:"既得觉我者,无慎等善德。不劳而能现,无复方便相。"

那么,如何由"有身解脱"到"无身解脱"呢?

"因为人的身体还有存着,故仍能随受,已欲,不欲,或为他欲,乐苦诸相,已始诸果。然后于其命终,完全依靠到内、喜、上梵去了。无明及业均灭,永远住于唯有喜味之中。最终一切都除,与梵不分不二。是为无身解脱。"有颂云"是人命息不复出离","唯于此中,得究意依","是真解脱,乃得解脱"。

以上为吉祥之人、最上出家众、"中轨范师"娑陀南达所著的《吠檀多精髓》一书之解说。

第六章

商羯罗的《自我知识》

一

我创作《自我知识》(*Atmabodha*)是为了这样一些人：通过苦修，他们已经得到了（身心）净化，心中平静，摆脱了感官欲求，他们渴望获得解脱。

二

正如烹饪需要火一样，（唯有）知识而非其他任何形式的戒行才是获得解脱的前提条件。没有知识就不能获得解脱。

三

行动不能摧毁无明,因为行动和无明并不抵触。只有知识才能摧毁无明,正如(只有)光明(才能)驱赶黑暗。

四

正是由于无明,自我显得有限。自我没有任何多样的可能。一旦摧毁了无明,自我就会自动显露自身,就如同乌云散去,太阳照耀。

五

通过反复实践,知识就净化因无明而受污染的体困的灵魂,接着,无明本身就消失了,这就如卡塔卡果粉净化了浑浊之水,然后(卡塔卡果粉)消失了。

六

这个世界充满了依附和厌恶之物。它就像一个梦:只要一个人还是无知的,这个世界就是真实的。但一旦醒来，这世界就变得不再真实。

七

梵是这个现象世界的基础。只要没有认识到梵,这个世界就显得真实。这个世界就像牡蛎壳银光的幻影。

八

所有名都存在于知觉者的想象之中。这个知觉者是永恒的、遍在的基础,是毗湿奴,其本性是存在和理智。名和色就像是脚镯和手镯,而毗湿奴就像是金子。

九

由于和不同"依"(乌帕蒂)结合,遍在的空似乎呈现为彼此不同的空;一旦摧毁了这些"依"(乌帕蒂),看似彼此不同的空就变成为一。同样,由于和不同"依"(乌帕蒂)结合,遍在的主表现为不同的主;一旦摧毁了这些"依"(乌帕蒂),它们就变成为一。

十

由于和不同"依"(乌帕蒂)结合,诸如种姓、肤色和地位的观念叠置到阿特曼之上,就同味道、颜色叠置到了水中一样。

十一

粗身是灵魂经验快乐和痛苦的中介,它由过去的业决定,从五个精微元素而来。一个精微元素的一半比例和其他四个精微元素各八分之一的比例相结合产生粗身。

十二

精身是灵魂经验的工具,它由五气、十个感官、末那(心意)和菩萨提(觉)构成,这些(元素)都来自五大精微元素进一步细分和相互结合之前。

十三

无明是难以形容的、无始无终的,它被称为原因,它是叠置在阿特曼上的一个依（乌帕蒂）。要确知阿特曼不同于三个"依"（乌帕蒂）。

十四

由于和五鞘结合，纯粹的阿特曼就如同五个鞘一样。这就如水晶，一片蓝布或红布与之相触，水晶就好像变成蓝的或红的了。

十五

通过分辨，一个人就可把纯粹的、最内在的自我和覆盖着它的五鞘分开。这就如同用杵敲谷粒，就可把谷米和谷壳分开。

十六

尽管遍布一切，但阿特曼并不在一切中照耀；阿特曼只在菩提（觉、理智）中展示，就如清水或明镜中的映像。

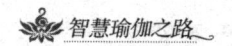

十七

阿特曼不同于身体、感官、心意、菩提（觉、理智）和无分别的原质。但它是它们的功能的目击者，可以把它比作国王。

十八

空中的云在动，但却好像是月亮在动。类似地，由于缺乏分辨，好像阿特曼是活跃的，而实际上活跃的却是感官。

十九

身体、感官、心意和菩提（觉、理智）在阿特曼固有意识的帮助下，从事它们各自的活动，就如人们在太阳光的帮助下进行活动。

二十

愚人，没有分辨，将身体和感官的特征与功能叠置在纯洁的阿特曼上，阿特曼是绝对的存在与意识，这就如同把蓝的、凹的等性状特征归之于天空。

二十一

水自身的运动,由于无明,人们会把水的运动归回于反射在水中的月亮在动。同样,人们会把心意的代理、享受和其他限制错误地归因于阿特曼。

二十二

只要菩提(觉、理智)或心意发挥作用,就可以感知到依附、欲望、快乐、痛苦等的存在。在深眠中,心意终止了,感知不到它们。所以,它们只属于心意,它们不是阿特曼。

二十三

阿特曼的本性是永恒、纯粹、实在、意识和喜乐,就如光是太阳的本性,清凉是水的本性,热是火的本性。

二十四

由于没有分辨，阿特曼的两个方面，也就是存在和意识，和改变了的心意结合而产生像"我知道"这样的观念。

二十五

阿特曼绝不会经历变化，而菩提（觉、理智）绝不会拥有意识。但是，人们相信阿特曼等同于菩提（觉、理智），并陷入这样的幻觉之中，好像他就是知微者、认识者。

二十六

恐惧战胜了把自身视为个体灵魂的大灵魂（阿特曼），就如同把绳子看作蛇的人一样，通过认识自己不是个体灵魂而是至上大灵魂，大灵魂重新获得无惧。

二十七

心意、感官等都由阿特曼照亮，就如一盏灯照亮一个坛或罐。但是，这些物质对象不可能照亮它们自己的自我。

二十八

同样,就如一盏灯并不需要另一盏灯去照亮,作为意识本身的阿特曼也不需要另一个意识的工具去照亮自身。

二十九

在经典的陈述"不是这,不是这"的帮助下,通过伟大的吠陀圣句,使得所有的"依"(乌帕蒂)都失效,从而认识到个体灵魂和至上灵魂的同一性。

三十

一切由无明创造的身体以及它们的性质,都是易坏的,不持久的,就如泡沫一样。通过分辨,就能明白你是纯洁的梵,完全不同于它们。

三十一

我没有诸如出生、衰老、疾病、死亡之变化,因为我不同于身体。我不依附于感官对象,就像声音和味觉,因为我没有感官。

三十二

我没有悲伤、依附、恶意和恐惧,因为我不同于心意。"他没有呼吸,没有心意,纯粹,比高者更高,不朽。"

三十三

从它这里生出普拉那、心意、所有感官、空、风、火、水、地,它是这一切的支撑。

三十四

它没有属性和活动,永恒而纯粹,没有污染和欲望,不变,无形,始终自由。

三十五

这个梵永恒、纯洁、自由;这个梵唯一、不可分、非二元;这个梵具有喜乐、真理、知识和无限之性质。

三十六

我确实是那个至上的梵。从里到外,我充满一切事物,就像以太一样。我不变,在一切之中同一,我纯粹、纯洁、不依附、不可改变。

三十七

因而,连续不断的反思创造出"我是梵"这一印象,它摧毁无明及其困惑,就如药物治愈疾病一样。

三十八

独居一处,心无欲念,控制感官,专注于独一无二者——无限的阿特曼。

三十九

智者只应该理智地将整个客观世界融入阿特曼,经常地把阿特曼看作无瑕的天空。

四十

已经达到至上目标的智者,放弃了诸如名和色的所有对象,作为无限的意识和喜乐的化身生活着。

四十一

在至上的自我那里,不存在认识者、认识和认识对象之间的区分。它是唯一的意识和喜乐,它独自照耀。

四十二

持续的冥想(可以比作钻木取火)点燃了知识之火,知识之火彻底烧掉无明这一燃料。

四十三

就如黎明驱散黑暗,阳光普照,知识摧毁无明后,阿特曼光芒四射。

四十四

尽管阿特曼是永远在场的实在,但由于无明,它不被认识到。一旦摧毁无明,就认识到阿特曼。

四十五

透过无明,梵就好像是一个个的个体灵魂,就如树桩看上去像人一样。一旦认识到个体灵魂的真正本性,个体灵魂性就被摧毁。

四十六

觉悟实在的真正本性产生知识,这一知识立即会摧毁具有"我"和"我的"特征的无明,而这个"我"和"我的"好像弄错了方向一样。

四十七

透过知识之眼,达到完全觉悟的瑜伽士看到整个宇宙在他自己的自我中,并把一切都视为自我,别无其他。

四十八

有形的宇宙确定是阿特曼;除了阿特曼根本没有其他东西存在,就如罐与坛确实都是泥土而非其他东西。所以对觉悟者,所见一切都是自我。

四十九

解脱的灵魂拥有自我知识,放弃了他以前"依"(乌帕蒂)的特征。由于觉悟到他具有存在、知识和喜乐的绝对本性,他确实成了梵,就如蟑螂成了黑蜂。

五十

一个瑜伽士解脱灵魂,在跨越幻觉之洋,杀死激情和厌恶之怪后,与和平合一,并居于只来自觉悟自我的喜乐之中。

五十一

放弃对虚幻的外部快乐之依附,坚守自我的解脱灵魂,满足于来自阿特曼的喜乐,独自照耀,就像放置在坛中的一盏灯。

五十二

尽管和"依"(乌帕蒂)结合,但他,默观者,并没有被"依"(乌帕蒂)所玷污,就像天空一样(纯净),并且,在所有的条件下,他都依然保持不变,就像哑巴一样。他行动而不依附,就像风一样。

五十三

在依(乌帕蒂)被摧毁之时,他,默观者,完全专注在毗湿奴也就是遍布一切的灵之中,就像水在水中,空在空中,光在光中。

五十四

获得了它就没有更大的获得,有了它的喜乐就没有更高的喜乐,有了它的知识就没有更高的知识——要知道,这就是梵。

五十五

看到了它,就没有什么需要看的,成为它就不会在这个生成的世界降生,知道了它就没有什么再需要知道的——要知道,这就是梵。

五十六

它是绝对的存在、知识和喜乐,是非二元的、无限的、永恒的和唯一的,并且它充满四方,上面、下面和中间都充满着它——要知道,这就是梵。

五十七

它是非二元的、不可分的、唯一的和喜乐的。吠檀多者指出,它是在否定所有有形对象之后不可还原的基础——要知道,这就是梵。

五十八

诸神,如梵神、因陀罗神,只是品尝到了一点点无限的梵之喜乐，按照相应的比例，他们就享受到了他们得到的那点喜乐。

五十九

梵遍及一切对象，因为梵，所有的活动都是可能的。梵渗透一切事物，就如黄油渗入牛奶。

六十

它既不是精微的也不是粗糙的，既不是短的也不是长的，它没有出生，没有变化，也没有形式、属性和色彩——要知道，这就是梵。

六十一

通过它的光，像发光的星星、太阳和月亮，就照耀了，但是星星、太阳和月亮的光却不能照耀它，通过它照耀了一切——要知道，这就是梵。

六十二

至上的梵遍布整个宇宙,并照耀自身,就像火内内外外地渗入炽热的铁球,并且照耀自身。

六十三

梵不同于宇宙。除了梵,什么也不存在。如果似乎有不同于梵的东西存在,那么它是不真实的,就像海市蜃楼一样。

六十四

一切所感知的,一切所听到的,都是梵,别无其他。一旦获得了实在的知识,一个人就把宇宙视为非二元的梵,绝对的存在、知识和喜乐。

六十五

尽管阿特曼是实在和意识,并且永远都存在于任何地方,但只有智慧之眼才能感知到它。但是,视力被无明模糊了的人看不见绚丽的阿特曼,就像盲人看不见灿烂的太阳。

六十六

个体灵魂免于不纯,并在通过聆听唤起的知识之火的加热下,就像金子一样独自照耀。

六十七

阿特曼,知识的太阳,从心中冉冉升起,摧毁无明的黑暗。遍布一切者,维系一切者。它照耀一切,也照耀自身。

六十八

他弃绝一切活动,在神圣、无瑕的阿特曼之神殿中做礼拜——这个阿特曼无关乎时间、地点和距离;他出现在任何地方;他是冷热等对立者的摧毁者;他是永恒快乐的给予者——他成了全知的、遍在的人,并在来世臻达不朽。

【特别致谢：商羯罗的《自我知识》已经由王志成教授翻译并注释。征得同意，选用之。来源：《智慧瑜伽——商羯罗的〈自我知识〉》（四川人民出版社，2018年第三版）。此次有所改动】

第七章

商羯罗问答录

一位灵性的追求者应该如何做最好?
追随古鲁的指导。

哪些东西是一定要避免的?
所有会将我们带入无明的因素。

古鲁是何人?
已经认知了梵的真实又能够完全关心自己徒弟的人。

一个追求真理的人第一件又是最重要的一件事是什么?

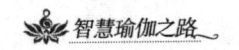

将世俗的欲望全部斩断。

如何才能解脱?
找到认识梵的智慧。

在这个世界上,怎样的人算是一个"纯净的人"?
心意已经完全纯净的人。

谁是有智慧的人?
能分辨"真实"和"非真实"者。

灵性追求者的毒药是什么?
不听古鲁的指导。

生而为人,最重要的追求是什么?
得到自由并帮助别人也得到自由。

使人迷茫的毒药是什么?
追求感官的乐趣。

小偷是什么?

将我们的心偷离真实的人。

世俗的捆绑是如何造成的?
对世俗享乐的渴望。

增加灵性的障碍是什么?
懒惰。

征服别人最好的工具是什么?
正确的理论。

力量存在于何处?
忍耐之中。

毒药存在于何处?
恶念之中。

如何才能无惧?
冷静。

人最大的恐惧是什么?

为了自己的财富而疯狂。

人最珍贵的发现是什么？
对上主的爱。

人最难躲开的恶魔是什么？
嫉妒和猜忌。

谁是亲近了神的人？
自己不再恐惧并且帮助别人也不再恐惧的人。

人要如何才能解脱呢？
不断地净化。

谁是最可爱的人？
知梵者。

如何可以建立分辨之力？
用服务"长者"的方法。

"长者"是谁？

第七章 商羯罗问答录

知道终极真理的人。

谁才是真正的富人？
用虔信去侍奉上主的人。

什么样的人在生命中可以得到好处？
谦卑之人。

什么样的人是一个失败者？
骄傲自大的人。

人生最大的考验是什么？
能不断地控制自己的思想。

谁能够保护灵性的追求者？
他的古鲁。

谁是世界的古鲁？
上主。

如何才能得到智慧？

上主的恩典。

如何才能获得解脱？
服务上主。

"上主"是谁呢？
带领我们走出无明者。

何为无明？
阻碍我们认知到自己原已有的真我的那些力量，即为无明。

永恒的真理是什么？
梵。

何谓不真实？
当我们得到智慧时，即将不再存在的东西，即为不真实。

无明已存在多久了？
始终无始。

第七章　商羯罗问答录

什么是不可避免的？
肉身的死亡。

我们应该崇拜谁？
神之化身。

解脱是什么？
打破无明的捆绑。

何种人不可相信？
说谎成性者。

圣者的能量在哪里？
对上主的信任。

谁是圣人？
已活在福佑之中的人。

谁是无罪之人？
唱颂圣名之人。

所有圣典的根源是什么？
神圣的音节唵（Om）。

用什么可以带领我们渡过世俗的海洋？
神的莲花足，有如一艘最好的船。

什么人是被捆绑的？
活在俗世中的人。

什么人是自由的？
没有欲望的人。

什么人已到达了天堂？
能够不再追求欲望者。

如何能不再有欲望？
找到真我。

地狱的门是什么？
色欲。

第七章 商羯罗问答录

谁活在快乐之中?
到达三摩地的人。

谁是已醒悟的人?
能够分辨对与错的人。

谁是我们的敌人?
不被我们控制的感官。

谁是我们的朋友?
能被我们控制的感官。

谁是穷人?
贪心之人。

谁是瞎子?
色欲之人。

谁已超越了世界?
征服自己心意之人。

灵性"追求者"追求的是什么?

和"圣"者同在。不再有"我"和"我的"之想法，虔信于神。

谁是被福佑的人?

不用再轮回的人。

谁是长生不死者?

不用再出生的人。

人何时会有弃绝的想法?

知晓阿特曼即真我和梵是同一的时候。

什么是正确的行为?

令上主快乐的行为。

世人最大的恐惧是什么?

死亡。

第七章　商羯罗问答录

谁是英雄?
不爱女色者。

谁是穷人?
不知足的人。

卑鄙的行为是什么?
向比你更穷的人索取。

谁是荣耀之人?
不向任何人乞求之人。

谁是真正活着的人?
不亢不卑者。

谁是醒过来的人?
有了分辨能力的人。

谁是睡着的人?
活在无明中的人。

何物有如一滴由荷叶上滑下的水珠？
年轻、财富和人的一生。

谁说人要像月光一样的纯亮？
圣者。

地狱在哪里？
奴役人的地方。

快乐是什么？
不执。

人要如何生活？
对众生善良。

一个成功的人不再有价值的原因是什么？
失去荣誉和名声。

怎样可以得到快乐？
和圣者为友。

第七章 商羯罗问答录

什么如同死亡?
无明(无知)。

最有价值的东西是什么?
在正确的时间送出的礼物。

什么坏毛病纠缠一个人直到他死?
一个隐藏式的坏习惯。

人不应该丢掉什么?
活到老学到老。

人应该不屑做什么?
贪婪女色,羡慕他人财富。

不论日夜,何者常念?
世界短暂,勿追色欲。

什么值得全力以赴?
大慈大悲及与圣者之友情。

尽了最大的努力还是不能得到哪些人的心？
愚者、悲伤者和不知感恩者。

谁能不落俗世的陷阱之中？
诚实之人，不受快乐和痛苦影响的人，没有二元对立情绪的人。

上主对什么样的人最敬重？
有大慈大悲心的人。

谁受大众的敬重？
谦虚，只说真话，对众人有礼貌，令人快乐者。

谁是盲人？
行邪行之人。

谁是聋子？
不听别人正确指导的人。

谁是傻子？
不会说仁慈话的人。

第七章 商羯罗问答录

谁是朋友?
不让邪行者接近你的人。

人最好的装饰是什么?
好品性。

什么如闪电,稍纵即逝?
与坏朋友的交情。

珍贵的个性有哪些?
用慈悲心说好话、虚心求教、有英雄气概原谅别人、富有却不为财富所困。

谁是最悲哀的人?
有财富的吝啬鬼。

谁最值得称赞?
宽宏大量的人。

谁受智者敬重?

谦卑之人。

谁为全家族取得荣誉？
捐献巨大财产还能非常谦虚的人。

谁是此世上的主人？
说话甜美，乐于助人而又有正义感的人。

谁能不受危险的侵入？
追随智者之言并能控制身体感官的人。

人应该和谁住？
圣者。

什么是一位智者绝对不做之事？
用虚伪和恶毒的言辞对待别人。

什么是人应该记住的？
圣名。

什么是灵性追求者的敌人？

色欲和贪婪。

人要怎样保护自己不受伤害？
一个忠诚的妻子和分辨真实的能力。

实现一切的愿望树是什么？
古鲁的教诲。

第八章
《薄伽梵歌》中的吠檀多

《薄伽梵歌》简介

《薄伽梵歌》(*Bhagavad-Gita*)也被称为第五吠陀。它是瑜伽中最重要的一部经典。它教给我们如何在紧张、对抗和麻烦的日常生活中去过灵性的生活。发生的地点是一座战场。

文字上来说"Bhagavad-Gita"就是"神歌"。是由神明所转世的老师——克里希那和他的徒弟——武士阿周那二人间的对话所构成,共有18篇700颂。是摘录自经典古诗《摩诃婆罗多》中的片段,作者毗耶娑。第一至第六篇讲解行动瑜伽,第七至第十二篇讲解虔信瑜伽,第十三至第十八篇讲解智慧瑜伽。《薄伽梵歌》是不朽的经典,被视为适合所有人、所有时代的经典。

《摩诃婆罗多》故事简要

持国和般度是两兄弟。持国天生眼瞎,虽年长却不能就王位,和甘陀利结婚,共生101子,被称为俱卢族,长子名难敌。

持国的弟弟般度继承王位,娶两位妻子——贡蒂和玛德利,生有五子,被称为般度族。五子名为坚战、怖军、阿周那、无种和偕天。

般度王不幸早死,他的小孩都是由持国带大的,是和俱卢族的101个小孩一起长大的,均拜大师毗湿摩和幅身为古鲁。般度族小孩守法又有礼,受人们爱戴,却受到俱卢族小孩的嫉妒而成为敌人。

摄政的持国分给每一族一半的国土。由于般度五兄弟努力治国,国家欣欣向荣,长子坚战将继承王位。持国的长子难敌大为不满,企图霸占王位。他用诈术欺骗坚战赌掷骰子,坚战大输,必须到森林放逐12年,再躲避1年,方能回王位。这段时间,国家由难敌治理。

在般度族经过各种困境和苦难度过12年之后,难敌却不愿交出王位，也不肯交出代管的国土，甚至连一个针头大的地方都不愿给。般度族被推向战争，古印度最大的"摩诃婆罗多"大战就此开始。

克里希那是般度族的亲戚，住在帝瓦那卡。俱卢族的统帅难敌和般度族的大将军阿周那都去请求克里希那来协助，阿周那跪在克里希那的脚前而难敌坐在远方的大交椅上。当克里希那睁开眼睛时，他第一眼看到的自然是阿周那。

依照当时的习俗，他答应帮助年幼的并且也是他先看到的人——阿周那。他问阿周那，是他的军队去还是只要他自己去协助打仗，而且他只能指导而并不能亲自去打。阿周那选择请克里希那本人去指导作战，难敌大乐，因为阿周那放弃了克里希那强大的军队，而他认为这是不明智的。

具有象征意义的是，阿周那选择用灵性去控制私欲的方法。他请克里希那作为战车的驾御手，带领着他前进。当克里希那问阿周那为什么做这种选择时，阿周那说："主呀！你有破阻一切恶能的力量，我为什么还要那些军队呢？在我心里有好多美好的愿望，希望你能成为我的驾御者，助我在战场上完成心愿吧！"

在难敌离开帝瓦那卡后，克里希那亲往战场做调解。自私的难敌不同意用和平的方式解决，甚至要监禁克里希那，持国因依附于他的儿子，也无法控制局面。

第八章 《薄伽梵歌》中的吠檀多

俱卢族由难敌统帅和般度族打仗。圣者毗耶娑邀请持国去观战，持国说"我没有兴趣去看我的家庭发生大残杀，但是，我应该听到战场上的一切"。圣者献上"全胜"作为神圣观战的礼物，持国信任这位顾问。眼瞎的国王请全胜描述战场上的细节，这就是《薄伽梵歌》的内容，即尊者克里希那和阿周那在"俱卢之野"战场上的对话。

摩诃婆罗多之战发生在公元前3000年，这场战争也可以比喻为"低品德"（俱卢族）和"高品德"（般度族）之间的战争。"高品德"在神的恩典下战胜了"低品德"，虽然有些时候低品德是更强大的。

《薄伽梵歌》主要人物表

持国：有101个孩子的俱卢族眼瞎国王。

全胜：描述战场细节给眼瞎国王听的人。

难敌：持国的长子和俱卢族的统帅。

幅身：两群孩子的老师，但因为习俗，他必须帮助俱卢族打仗。

毗湿摩：他是双方孩子们的舅舅，但因为他是眼瞎国王的顾问，他必须站在俱卢族这一边。

毗耶娑：圣人，仙人，《摩诃婆罗多》的编撰者。

般度：持国的兄弟，般度五兄弟的父亲。

贡蒂：般度的妻子，五兄弟的母亲。

坚战：般度的长子，代表正法。

怖军：般度的次子，代表肉身。

阿周那：般度的三子，为般度族之统帅，是全世界最好的弓箭手。

无种和偕天：双胞胎，般度族最小的两兄弟。

黑公主：般度五兄弟的共同妻子。

克里希那：毗湿奴第八世化身，般度族母亲系中的表兄弟。

克里希那在前六篇解说行动瑜伽，从第七篇到第十二篇解说虔信瑜伽，在最后的六篇中，他讲解智慧瑜伽的细目。这是很哲学的教导，进入一个新的领域，包括很深的形而上学和练习的方法。

在最初的六篇中，教导个体的灵魂去找寻神明。其后的六篇中，教导达到完美的方法，和神明合一、与宇宙合一的方法。最后的六篇是讲述前面两个主题和谐融合的方法。

第八章 《薄伽梵歌》中的吠檀多

《薄伽梵歌》第十三篇
自身和认识自身两者区别的瑜伽

克里希那说出三个方面——追寻知识者、知识本身和已知者三者的关系。我们的感官,如肉身,是体验快乐和痛苦的场所。如果能分辨我们的肉身(粗身)、心意身(精身)、种子身(因果身)及其关系,能够不和这个身体认同而区别开来,只作为一个旁观者,这被认为具有"超然的智慧"。圣者说明过五大元素、自私、意识、十个感官、行为、思想、五种情绪、欲望、仇恨、愉快、苦痛、肉身和个人的意识力等,都叫"场所"。超能量的梵天(普鲁沙)是创造者,它没有过去,不受萨埵、罗阇和答磨三种"德"的支配,并支撑着一切。它的存在不属于所有生命,因太细微而不被了解。所有快乐和痛苦的经验是因为我们将普鲁沙(个体灵魂——吉瓦)去和原质认同为一的结果,以及对自然属性的附和产生了"出生"。

"灵魂"居住在肉体之中仍然和超能量的梵是一样的,他只是见证一切事情的发生。当一个人得到这些智慧以后,就不会再轮回了。有下列一些去得到"真我"知识的方法。有人用深入的冥想将个人的思想和意识都推开后见到超然的真我;有人用智慧明白了身体、感官、思绪和意识都只是原质的作用而使自我能站在一边不入其中；有人用尽到自我责任的正法行为找到自我；还有人虽然不懂这些智慧但用虔诚的心去侍奉神明，用神明的指示去做好事帮助别人，最后也可以找到真我。

有智慧者是不会枯萎掉的，虔诚的人也永远不会去伤害他人的。"真我"是自我存在，不用行动。因此，当一个人领悟到众生都是由那个中心所显现出来的时候，他就领悟到了"梵"，就会去和纯粹意识合而为一。正如"空"制造了风、火、水、地，但并没有沾上这些属性。真我（普鲁沙）居住在身体（原质）之中，但并不被他的属性所粘连。太阳照亮了整个世界，阿特曼（真我）也照亮了整个身体。所以认识到"身体"和"认识身体"的不同时，就找到了真我。

第十三篇讲解成为一个旁观者的好处，认为能够去区别在世界上的一切都只是原质（自然）所幻象出来的。千万不要去把"自己"认同为你的思想、意识、感官和身体，也不要把你的超然意识去当成原质（自然），如同雨水落入地下后和土地混合而成了烂泥。

第八章 《薄伽梵歌》中的吠檀多

《薄伽梵歌》第十四篇
三种属性的瑜伽

萨埵、罗阇和答磨是将灵魂绑在身体内的三种自然属性。萨埵和享乐、智慧融合在一起，罗阇由贪婪和活性所生，和活动及活动的结果联结在一起。答磨由无明和迷惑而生，成为粗心、懒惰和贪睡的品质。

有萨埵属性的人在死亡之后会达到一个光耀的天堂成为高贵的灵魂。有罗阇属性的人在死亡之后会再出世为一个活跃的人。有答磨属性的人在死亡之后会再生为一个感官迟钝的生物（如愚人、昆虫或畜生）。

有了分辨是非的能力以后，就可以通过努力发展萨埵而丢弃罗阇和答磨。一定要做到无私地服务，上早晚课，读经书，念经和冥想。最终，在专一敬神的虔诚之下得到萨埵能量。如此，自我的灵魂终将超越三种属性，从生、老、病、死中解脱，进入永生。能够不动摇地为神服务者，必能超越属性并达到神明之地。

一位已经解脱的圣者不会去憎恨那些具有萨埵、罗阇或答磨的人。他是对神已证得之人，如一个见证者，知道属性只是三种属性的产物而已。他对谁都一样，不论是朋友或敌人，石块或金块，荣耀或不荣耀。他完全弃绝了感官的要求，将自己变成神明手中的一个工具，并达到神明意识的境界。

第十四篇讲解三种属性的本义和如何脱离它们的控制。用不断的虔诚、冥想和无私的服务，成为净化品质的清洁者。神主也同时解释，有纯粹意识经验的人他的个性及练习的方法是什么。

《薄伽梵歌》第十五篇
超级灵魂的瑜伽

克里希那以一棵根在圣主、枝干为大梵天、叶子是吠陀经的倒立的榕树为比喻，来说明人的一生。这棵树被三种属性养育着，它的枝干就如同人的感官和思想一样，但是，这棵树的负担（身体-思绪）是可以被无欲之剑砍断的。克里希那在这一篇中说明一个灵魂是如何出生到这个世界来的。他是由超级灵魂中的一个小分子先成为一个初灵（阿特曼），再吸收思绪、五识及精神而进入到一个肉体内，而成为生命。在完成了一些特定的欲望之后，就离开了这个肉体，带着思想和智慧，这个灵魂进入到另一个肉体内，再去享受感官的乐趣。因为无明，人们忘掉了智慧，认同了肉体，经历了快乐和痛苦并堕入轮回之中。但是，有智慧者只是在一旁观看的人，他们不会认同肉体。

圣主创造了日、月、星、火来照亮世界，用他的能量维持所有的生命。梵活在每一个人的心内，由它而生出智慧并能够想起以往，脱离迷惑。梵就是超级灵魂，创造了三世，并支持它们。它超越了枯萎的宿命不再死亡，因此在吠陀经中，它被称为"普鲁沙–阿特曼"（Purusa Atman）（超然的自我）。克里希那在说完阿特曼无所不在地存在于这个宇宙之后，向阿周那及全部的世人明示，要有智慧地去达到人类最终的目标，认清神明。

第十五篇讲解宇宙能量以不同的名和相来显现，有的是会动的，有的是不会动的。所有的星球包括日、月、星、辰都是用它的能量发光并移动。他也是人类身体、生理、心理和所有层面的主持者。知晓这些秘密的人就是有智慧者，获得了智慧，他的痛苦和灾难就同时消失了。

《薄伽梵歌》第十六篇
圣人和恶魔之间的瑜伽

善用智慧者会成为圣人。有智慧者，知晓神明是超能（普鲁沙–阿特曼），会用虔信之心去供奉。无明的人，受到欲望的控制而形成恶魔般的品质，只会在外界寻求感官上的快乐，忘记了神明的存在。

一个努力向上求取解脱的人会有圣者的品质，例如不恐惧、洁净、有稳定的思绪、有慈悲心、能控制感官、正直、不伤害他人、可信任、被刺激也不生气、弃绝、和平、仁慈、不贪婪、温顺、亲切、谦虚、有活力、坚韧不拔，等等。有了这些圣人般的品质将得到永恒的解脱和超然的快乐。

有恶魔般品质的人表现为伪善、傲慢、骄傲、仇恨、粗糙和无明等，过着受捆绑和挣扎的日子。

那些无明的人，没有辨别真伪的能力，认为世界是无信又无意义的。那些有一点知识又有强烈欲望的人，充满了对名利和权力的贪恋，伪善、骄傲和自大，用不良之心做事，用累积财富来满足欲望，他们终将成为色欲和仇恨的奴隶。在财富和名利中陶醉，充满了骄傲和自大，为名和利，违反神圣的法规，自私自利，追求权力、性欲和仇恨。这些狠毒的人仇恨神明，但神明仍然居住在他们的体内。他应该放弃三种恶魔般的品质——情欲、仇恨和贪婪，以不致坠入地狱。人们要小心翼翼地追随着圣人们的脚步，以经典作为修行的指南。

第十六篇讲解人们要分析找到自己不受欢迎的品质，矫正它们并自我反省。必须用真实面对真我和自己的思绪，来判别自我的想法和行为是否正确有效。

本篇中所提到的那些负面及正面的品质并非对一般人的界定，只是一些哲理上的解说。正面和负面的对立在完全虔信以后就都不再存在了。

《薄伽梵歌》第十七篇
划分信仰的瑜伽

克里希那将信仰分成三个方面：善良的人（萨埵品质）对神明虔诚，激情的人（罗阇品质）对半神人虔诚，惰性的人（答磨品质）对死人或鬼魂虔诚，那些人不遵照经文，不抛弃色欲，而心怀贪婪和仇恨。对身体虐待而假借除罪的过分苦行者，是罗阇的信仰者，他们饿瘦了自己的身体，但对身体内的超然灵魂却一点也不顾及。

所有的行为、供奉、善行、苦修等，包括食物，也分成萨埵、罗阇和答磨三个种类。

依据经典的规范，不求回报的供奉是属于萨埵的，为了结果或做给人家看的供奉是属于罗阇的，完全不按照经文上所说，供品和供物都不准备，只为名和利去供奉的，是属于答磨的。

讲话有信用、和蔼、有效力、研读经文，对神的名字尊敬，常念颂神名，称为语言的修行。愉快的、有礼的、安静的、自我目的、控制的、纯洁的行为，是有萨埵思维的修行者。修行的目的是为了赢得别人的尊敬，获得荣耀和自我的满足，是属于罗阇的修行人。不稳定、不定时的，用愚笨的行为，自我虐待或对别人造成伤害的，是属于答磨的修行者。

善行不求回报，只是尽自己的职责，在适当的时间、地点帮助有需要的人，是属于萨埵的。善行是不情愿的、求取回报的，甚至对接受方造成伤害，是属于罗阇的。善行在错的时间、地点，提供给不对的人，不尊敬对方甚至侮辱了别人，是属于答磨的。

供奉、苦行和善行是本着慈悲心，是神明意者，是萨埵的，最好配合"唵""塔""萨"三个字。"唵"是神明的代表。"塔"是一切属于神的感觉，去除我私及私我。"萨"是神明永恒存在的意思，清除自私的欲望，去真正认识神。

第十七篇讲解所有的行为（思想和身体）。有明辨是非的头脑，且有虔诚信仰的人，就是善良的人。

第八章 《薄伽梵歌》中的吠檀多

《薄伽梵歌》第十八篇
弃绝后解脱的瑜伽

《薄伽梵歌》讲解了生活的艺术，告诉我们要根据不同的情况，去思考、行动从而达到目的。克里希那教给阿周那行动瑜伽、智慧瑜伽、虔信瑜伽和胜王瑜伽，以及练习的方法。正是这一系列学习智慧的方法使《薄伽梵歌》永垂不朽。

第十八篇经文是《薄伽梵歌》的一个大纲，包括了很多重要的论点和内涵。克里希那对阿周那的教导，使阿周那在全然失去勇气并崩溃的情形下，最后戏剧性地下定决心，用强烈的自我征服恐惧，强壮心意使他成为勇敢又果断的武士。

这个中心思想就是每个人要肩负起自己的责任，以达到解脱的目的。一个完全抛弃自我私欲、负面属性和感官享受的人，尽到自己的职责，就会得到神的恩典，享受到永恒的喜乐。

这些精彩的对话从阿周那问"什么是真正的修行和弃绝"开始。克里希那用清楚的话回答说，真正的修行是抛弃自私和净化的行为。弃绝包括放弃求取一切行为结果的欲望，任何伤害到他人的行为都不可以有。你必须让自己做到这些，弃绝所有负面属性和贪婪。真正的弃绝是放掉完全的自我及属性，并无私地尽自己一切应尽的义务，也就是萨埵的瑜伽，也就是不能只做自己喜欢的事而不去尽自己不喜欢的职责。

能完全弃绝的人就不会再积累那些业力了，克里希那清楚地说明了每个人的生命早已在神的安排之下。这是《薄伽梵歌》带给人类的启示。

第九章
吠檀多中的希瓦崇拜

世间的一切都是那个绝对的唯一，梵。我就是它。我就是那个绝对的唯一。我不是我的身体，我不是我的气息，我也不是我的思想，我只是那个唯一的梵，那个纯粹意识。

印度的早期修行者们，在有了冥想的三摩地狂喜经验之后，他们领悟到了，宇宙的本质就是那个唯一的梵。他们将这个信念写入《奥义书》。但是，因为每位圣者的表达方式不一，所以有了不同的派别。

在帕坦伽利的《瑜伽经》完成之前的前瑜伽古典时期和帕坦伽利的古典瑜伽时期，以及7世纪之后的后古典瑜伽时期，对吠檀多不二论的论述都是不一样的，并且瑜伽理论在印度的民间流传得也不一样。经过长时间的演进,三摩地的狂喜经验演化成不同的神祇信仰,其中一派就是希瓦派。希瓦派信仰成为瑜伽修行的一大主流派别。

希瓦派也被称为骷髅头派、生殖器派或苦行派。有一个时期,印度的修行者为了求得快乐和解脱,会用各种不同的方式去达到目的,有些已经超过了社会的底线,甚至达到疯狂的地步。直到今天,我们去印度旅行时,仍然可以看到全身不穿衣服的圣人,身上涂满灰烬的苦行者以及在颈子上戴着用骷髅头做成项链的人。也有人始终用一只脚站立,或将一只手臂高举过头永远不放下。这些印度人用自残的方式来改变自己的形象,我们这些不同文化背景的人,是理解不了的。

在公元2世纪左右,印度有一个修行的派别叫作兽主派,也叫作水壶派。创始人是拉库林(Lakulin)。据说,他一出生就具备全部生活能力,但只活了7个月就去世了。他的家族把他的尸体丢到郊外,一群相信他有神力的人去看护他的尸体,结果他又复活了,因此人们相信他就是希瓦神的化身,因为希瓦神就是由死亡再复活的神。

画像中的拉库林,坐在莲花上,左手拿着香樟木,右手拿着水壶,据说分别象征男女的生殖器官。

兽主派时常做出离奇的行为或动作,例如,说话含糊不清，全身颤抖，走路如僵尸一样，发出奇异的叫声，假装是疯子；模仿动物的形态和举止，甚至在大庭广众之下侵犯女性。他们这样做是要把别人坏的业力加到自己身上，而将自己好的业力送给别人，进而使自己死亡之后再生。

兽主派一开始通过举行很多仪式来传播，之后，第三世教主昆丁亚写出《兽主经》，建立了此派的哲学基础。他指出，希瓦神是宇宙的创造者、维持者和毁灭者，集三者于一身。他是独立于这个宇宙之外的，他是一切智慧的基础，更是一切动能的来源。到5世纪，这个派别已经为整个印度地区所知。

本派主要确定了瑜伽的定义，就是"个人和神的结合"，这个结合的方式，并不是一般的吠檀多的方式，而是由个人转变为"鲁达神"，再由鲁达转变为希瓦神的方式，经过瑜伽修行的方法，将自己的身体和灵魂升华并降服于希瓦的脚下，使自己从恐惧和死亡中解脱。在古典瑜伽中，个人的解脱和神是没有关系的，因为神是超越想要解脱的个人的，并且帕坦伽利也反对有一个创造神的存在。

水壶派将希瓦神当作"万兽之王"，因为他不必如一般的生命一样一再地轮回转世，为死亡所捆绑。所以崇拜希瓦就可以得到希瓦神的恩典。本派也不允许女性修行，但对于种姓，则没有任何限制。

另外有一派叫作卡帕力卡派。大约在公元1世纪时，在印度的南部地区已经出现这种把骷髅头戴在身上的修行者，正式以文字被记录是在6世纪以后，被称为骷髅头派。但是文献上记载此派的东西很少。直到今天，也只有在班哥罗和阿森地区可以看到这些记录。至今还有一座很有名的女神雕像，她披头散发，张着血盆大口，拖着长达一尺的红舌头，颈子上戴着长到肚脐的用人头骨串成的项链，站在一个人的身体上。她征服了他，但因为她的仁慈，没有杀死那个人。最后她还得到吉祥天女的恩赐，吉祥天女赐她平安。这座雕像就变成了智慧的代表，这位女神就是白娜瓦女神。14世纪有一个关于卡帕力卡派的故事。故事说，有位卡帕立卡派的古鲁，需要找他的真我，希瓦神说他必须杀掉一位国王或是一位有名的人才能找到他的真我，于是，他找到了当时最有名的大哲学家商羯罗。他告诉商羯罗他要砍掉他的脑袋以达到认识真我的目的，商羯罗答应了他的请求。第二天在约定时间，商羯罗已经进入了深层的冥想，根本不知道杀他的人已经到来，就在这个卡帕力卡派的古鲁拔出刀要砍下商羯罗的头时，商羯罗最亲近的徒弟，得到毗湿奴大神的帮助，幻化成为半人半狮的神魔，自天外赶到，把这个古鲁的胸膛抓破，拉出他的内脏，以致他血流满地而死。此时，商羯罗也由无意识的深层冥想之中醒来,看到了这一切,给予他徒弟最高的恩赐,徒弟得到恩典,化成为毗湿奴神的莲花足。

在实际生活中,这些束着人骨头的修行者都会到坟地去偷拾人骨头,目的是练习黑魔法。11世纪时,有一位叫贡哈的佛教和尚,也参加了骷髅头派,并且专门杀害女尼。因为在他的黑魔法中,杀她就是帮助她得道升天。这一派的人同时练习密教的5M法会,五个M就是五样东西的第一个字母M。这五样东西是肉、酒、鱼、手印、女人。

这个派别的修行者都崇拜希瓦神,只是把希瓦转换成了白娜瓦女神。因为修炼黑魔法,他们要用真人来献祭,或用动物来血祭。这些残忍的做法,直到19世纪才被法律禁止。密教的男女双修也曾经传到中国,叫作红莲教或白莲教,很多良家妇女被骗入教,终被官府禁止。

11世纪左右,由克什米尔地区开始流行一种"黑脸"团体,他们的正式名称叫"卡拉木卡派"。他们的苦行僧都在额头上贴一块黑布作为标记。这个团体受到正理派的影响,非常注重逻辑以及科学,所以建立的寺院都有研究天文和化学的情形。这个团体不被希瓦派的信徒承认,认为他们属于密教。

后来,艾古里派取代了卡拉木卡派。"艾古里"原意就是"无惧"。因为恐怖是希瓦神的特性之一,此派的修行者，经过开光，就知道怎样避开希瓦的愤怒情绪。直到今天，他们的行径仍然令农村的部分村民们崇敬，同时，他们反对一切人类的文明，反对一切人造的物品，他们甚至住在火葬场或坟场或垃圾堆。他们喝自己的尿，以代替喝水。他们吃动物的尸体甚至人类的尸体，因为他们没有恐惧。艾古里派并不是胡来乱搞，只是用极端的方式将黑暗转为光明，使受限制的个人能量得到那个唯一能量的加持而发光。当有一天你到达那个唯一的存在时，已没有任何东西需要抛弃了。我们自己进入那个最黑暗的地方后，光明才会出现，我们也就进入光明。

艾古里派的修行者不仅仅是面对自己的黑暗面，也面对社会的黑暗面，甚至整个宇宙的黑暗面。经过黑暗中的生活，自然体会到什么是光明了。

希瓦崇拜中最有名的一派是林伽派，信奉者也最多。林伽一般是一块形如男性生殖器的石头竖立在一块代表女性生殖器石块上面的组合形体。这派的信徒将林伽做成很小，吊在胸前，每天两次，用左手捧着林伽石做冥想。

林伽也叫"希瓦之花"。这个派别形成于11世纪，最早可能和对牛的崇拜有关吧！他们相信六个高贵的品质：奉爱、敬神、恩典、活力、臣服、融合。

他们希望看到的每一个人都是希瓦，并且在每一个地

第九章 吠檀多中的希瓦崇拜

方都可以看到希瓦。他们写的一首诗就极具代表性:

> 壶是神,
>
> 簸箕也是神。
>
> 路上的石头是神,
>
> 梳子是神,
>
> 弓弦也是神。
>
> 蒲式耳是神,
>
> 嘴杯也是神。
>
> 神呀!神呀!
>
> 无处不是神。
>
> 只有一位神,
>
> 他就是生命之河的源头!

希瓦神崇拜主要缘于上述几个派别的努力传播。有时,希瓦神崇拜也加入密教的仪式。最后,不论是主流或是左派,都演化成阿笈摩(Agama)派,也就是所谓的传统派,回归到吠陀文明的主题,使灵性的追求在这个卡利时代得到智慧的启发,纯粹意识获得觉醒,同时加入密教思想中女性能量的主题。但是,最基本的思想仍然是以吠陀为中心的。

古典派遵行28部主要经典和207部次要经典，共有113位圣者，其中有一些是密教的修行者。这些人经过数百年的努力，将希瓦派向北方发展。在这一发展中产生了"性力派"的女性能量，叫作"萨克蒂"（Sakti）。

所以希瓦崇拜和密宗是互相融合的。相传因为希瓦有四个头之故，希瓦神一共教导了四组密宗古鲁。共有28位传承者。古典派的经典著作非常之多。大体说来，南方的希瓦派注重信徒和希瓦神的互爱关系，北方的希瓦派注重打坐冥想和灵性的启发。

希瓦崇拜在印度南方的情形又不同于北方，因为南方讲塔米语，所以他们的经文多是用塔米语传唱。从1世纪开始，古典派的古鲁就由北方南下，当中有数位有影响力、有创造力的古鲁，将希瓦传承发扬光大，并且创造了希瓦派中最重要的一句曼陀罗，就是"唵南无希瓦哑"（Aum Namha Shivaya）！

南方的希瓦教导完全遵照帕坦伽利的八支行法，尤其注意守戒和精进，所以南方的希瓦传承更正统。

12世纪以后，因为密教更为兴盛，希瓦崇拜已经完全和密教结合，所以呼吸法、体位法、手印法、清洁法等都成为希瓦瑜伽的重要修练方法。在思想上，他们认为，那个唯一不变的存在，就是希瓦神。整个宇宙幻象的产生，只是希瓦行动力的彰显,也就是希瓦用他的阴性能量——萨克蒂,就是乌玛女神,向外扩张所出现的结果。这个进化的结果,就是出现了整个宇宙。现在的人们,为了脱离这个虚幻的世界,必须回归。回归的方法就是用呼吸法、清洁法、体位法、曼陀罗、冥想法打通自己的三脉七轮,将那个隐藏在身体内的昆达尼里元神真我找到,并且唤醒。在不断的修炼中,通过中脉,打通身上的六轮之后,由千瓣莲花组成的顶轮去和唯一的存在——希瓦神结合,完成梵我合一。这已经是目前大家练习瑜伽的基本共识!

第十章
吠檀多中的毗湿奴崇拜

神就是爱,当我们说到印度南方的希瓦神崇拜时,提到他们对希瓦的爱。但现在我们说到毗湿奴崇拜时,你才会知道"爱是什么!"

对毗湿奴神的爱最早在《梨俱吠陀》中就出现了。有很多的书都是这个派别的颂书,最有名的就是《薄伽梵歌》,这是在瑜伽世界里流传最广的一本书,大约是在公元前2500年写成。后来以"什么什么之歌"为名的书有上百本之多,这些书都是对毗湿奴神崇拜的著作。

毗湿奴神崇拜也类似希瓦神崇拜,分为好几个流派。这些流派的传播方式都类似瑜伽的做法,但他们重点不是用技巧进入一个向内心找寻的方向,而是告诉人们要产生

第十章 吠檀多中的毗湿奴崇拜

最高的爱，对他们信奉的大神——毗湿奴的爱。而毗湿奴的形象可以是拿拉央那、克里希那、罗摩等不同的神明形象。不过也有部分毗湿奴崇拜的经典，强调帕坦伽利的八支行法，也强调瑜伽体位法。

八九世纪时，在印度南部有一派叫作阿瓦斯的修行者，非常精通吠陀的理论，他们用唱诵诗歌的方式来表达他们对神的爱，尤其是对毗湿奴的爱。其中广为流传的颂诗如下：

> 它是谁，
> 它就是最高的那个呀！
> 它是谁，
> 它就是带给我们智慧和光明的那个呀！
> 它是谁，
> 它就是带领我们超脱悲伤而进入永生的那个呀！
> 拜倒在它的莲花足下吧！
> 一切的悲伤都永不再来！

阿瓦斯派的信徒开始崇拜克里希那，他们创造出毗湿奴另一个最重要的化身即克里希那牧童的神话传说。因为这些阿瓦斯信徒的努力，对神的爱成为瑜伽修行中最重要的部分。对克里希那的爱成为家庭的中心,人的感情经过真实的生活经验,有时和神很接近,但有时又远离神明,最终,将自己完全臣服于神的莲花足,得到神的保护和福佑,这成为毗湿奴崇拜的中心思想。阿瓦斯派的信徒对神的奉爱,使他们在任何时间、任何地点都看到了神的存在,当他们深入到和神共存以及被神的爱包围时,他们就进入忘我的境地。而忘我之后,三摩地就会发生,神的恩典出现,他们得到喜乐及解脱。

阿瓦斯派的十二位先知之中,有一位是女性,她就是香树(Antal)。她特别崇拜毗湿奴年轻的化身克里希那。她写了无数的颂词来赞美克里希那。其中有两首在印度广为人知。一首就是在婚礼中一定会唱诵的祝福美满婚姻的颂词。另外一首是写她对克里希那的爱。她将自己的一切都完全抛开,完全开放地等待着英俊尊贵的克里希那到来。在任何时候、任何地点,她随时可以接待克里希那。她用优美的颂词,透彻地表明了女性对神的爱,对神的需求。因为这些颂词的流传,克里希那信仰在印度广为流行。如果失去了神的爱,那伤心失落感将成为灾难,而抚慰的方法,就是改为对牧羊女茹阿达的爱。因为克里希那和茹阿达是一命两体的表现,一个男性,一个女性,都是毗湿奴的化身。所以克里希那和茹阿达也是印度爱神的化身（有些地区），只要人们在冥想时集中在克里希那身上，克里希那的爱就会来到，你将永远生活在神的莲花足下，沐浴在神恩中。对神的爱永远不离的人，就是茹阿达。这位牧羊女的领头人，她对克里希那的爱是忠贞不渝的。

10世纪时，《薄伽梵往世书》中描写克里希那一共娶了16108个妻子，每个妻子都为他生了十个男孩和一个女孩，这本书是解脱心内最隐秘的宝藏，抚慰失落的灵魂之最好的作品。这本书的影响力仅次于《薄伽梵歌》，它让大家对神的爱更加稳固。

同时代，有一个舞剧在全印度也广为流传，四处演出，舞剧描写在一个月光明亮的温暖夜晚，一个村落中所有的牧牛女都跑了出来，等待克里希那的到来。等到英俊、潇洒的克里希那来了以后，他开始和所有的牧牛女跳舞，不知道是用什么魔法，使所有的牧牛女感到克里希那只和她一个人跳舞。整个晚上，克里希那的魔笛音符飘散在空中，在人心，在每个女人的灵魂中，她们的爱是永恒无尽的。这个歌剧就是《罗莎丽拉》。

"神性"团体虽然接受帕坦伽利的八支行法，但不同意他的非不二论观点，他们只相信毗湿奴大神为世界唯一的真理，经过各种仪式、唱诵、演戏、跳舞，表达对毗湿奴的爱。完全的奉爱，达到天人合一、梵我相连的境地。

崇拜的方法，仍然是专注，专注于那个蓝色皮肤，有四只手臂，颈子上戴着花环，长着英俊的面孔，手中握有碟和杵，额头画有"神佑"标志的宇宙维护大神——毗湿奴。

克里希那有深蓝色皮肤，这是因为他被女魔所害。但是他是毗湿奴第八个化身，是目前在印度最为人深爱的神祇。一个人解脱的程度会因为每个人对神的爱有所不同而不同，共分为四个等级：第一级是开始信仰神；第二级是坚定地信神；第三级是和神完全一致，没有任何空隙了；第四级即最高级是与神合一。

下面是一些"神性"书中重要的句子：

正如火焰将木材烧化为灰烬一样，向我臣服就会消失你全部的罪恶。

不是用瑜伽也不是用数论，不是用智慧也不是用苦行，解脱的方法，就是臣服于神，完全奉爱于我，一个有道德的人，经过对唯一神明的追随和虔诚的信仰，来净化自己，就如同"狗追骨头"一样，这是自然的天性啊！

克里希那的追随者将会自我要求用最深的感情，最高的奉爱和不断地重生，来达到对我的崇敬。

第十章 吠檀多中的毗湿奴崇拜

那些因为悲伤而不能言语的人，内心融化的人，有时会大声唱歌又跳舞的人，用虔诚的心追随于我，就可以净化你自己的世界了。

听到我的故事有如喝到灵汁一样，不间断地宣传我的名声，深深地崇敬于我，用唱诵来赞美我吧！

喜悦地服务于我，臣服于我，精彩地为我演出，把天下所有的生命都看成是我。因为我的缘故而行动，因为我的纯净而言语，把你的意识归向于我，让一切的欲望都消失吧！

为了我，放弃追求快乐、兴奋、享受、沉溺，因为我，去供献，付出，牺牲，祭祀，唱诵，立誓并坚守我的要求。

有了这些行为的人，完全敬佩于我的人，还有其他任何的伤害吗？

在阿瓦斯派的传承中最特别的就是消除一个人的憎恨心，使一个对神明充满了恨意的人终能转为对神虔诚。

人失去感情都是因为有"我"或"我的"之缘故。但宇宙中唯一的存在，是没有"我"的，没有意识也没有感情的。世人必须和神结合，不论是爱或恨，通过崇敬或害怕，通过追随或抗拒，都必须和神在一起。

印度历史上有很多国王都是因为恨而认识了神，用数世的轮回终于崇敬了神。因为在毗湿奴的传说中，他就经过了无数次的化身，将对他有憎恨的恶魔和恶人拯救回来，例如化身为小矮人，化身为半狮半人，化身为摩罗王子，化身为灵龟，化身为野猪等，目的是使恨他的人，最终转恨为爱。这些千年来广为流传的故事，深入民间并且深入人心，使那些对神带有仇恨的人，最终转为对神的奉爱。这个毗湿奴的大爱传承，是今日在印度最大的奉爱瑜伽。

对毗湿奴的崇拜，经过无数哲学家、思想家、占星术士的融合和演化，终于出现了克里希那崇拜，就是"牧牛童之歌"的盛兴，哥文达派别的兴起。

"哥文达"的意思就是牧牛者。该派最初出现在温达文，大约在12世纪时，一位伟大的诗人——贾亚帝瓦——说明了神和人之间的爱，他把神比作一位最慈爱的牧牛童，人类都是他的牛群。他永远都在寻找那些遗失的牛以及带领它们得到解脱。同时牧牛童和那些牧牛女的爱情故事，也说明了神永恒不变的大爱，以及博爱的存在。这个

第十章 吠檀多中的毗湿奴崇拜

被创造出来的人物,就是克里希那。

虔信瑜伽不但让毗湿奴的爱传遍整个印度,更建立了奉爱哲理。牟尼真神是第一个把毗湿奴的名字挂在嘴上的人,他的孙子阿姆尼更广泛深入地弘扬了对毗湿奴的爱,因为他写出了更多有关虔信的书籍、颂词及哲理。

到了现代,最有名的瑜伽大师克里希那玛查亚(Tirumalai Krishnamacharya)1989年去世,时年101岁,他是阿姆尼圣者的后裔。克里希那玛查亚的儿子是德斯卡查尔(T. K. V. DesiKachar,印度国师级古鲁),他妻子的弟弟,即他的徒弟是艾扬格(B. K. S. Iyengar),他的小徒弟是帕塔比·乔伊斯(Pattabhi Jois,阿斯汤迦瑜伽或八支瑜伽的创立人)。

对毗湿奴的传播最有影响力的人是罗摩奴阇(Ramanuja,1071—1137),是他将毗湿奴崇拜在南北印度统一起来。他和阿姆尼圣人两人曾经联手写过很多著作并成为经典,扩大了虔信瑜伽的传播。罗摩奴阇对商羯罗的吠檀多有独到的见解,并且将其和虔信相结合,使虔信变成了虔信吠檀多。他明白世界是一个摩耶幻象,我们都生活在幻象里面。静坐冥想就是要打破这个幻象。打破的方法是在冥想中和真主毗湿奴的爱合而为一,而冥想和帕坦伽利的八支行法是相吻合的。他的解脱不是挣脱自我的约束而是去和主结合。而这种结合是完全的爱，是没有任何条件的虔信。

另外四位有影响力的瑜伽大师是摩陀婆（Madhva，1238—1317）、宁巴尔卡（Nimbarka，生活于12世纪）、筏罗婆（Vallabha，1479—1531）和采坦耶·玛哈帕布（Caitanya Mahaprabhu，1486—1533）。他们是各阶段传承奉爱和吠檀多哲理的典型人物，他们将奉爱分成九大情绪：爱、快乐、悲伤、气愤、勇气、恐惧、憎恶、惊奇和舍弃。奉爱是生活中对神最重要的依靠，用唱诵、舞蹈、欢乐、狂笑、流泪等行为表达，但常被人认为是疯子。

因为当他们灵性充满时的行为，是脱序而不能控制的。这时候的情形有一个专有名词，叫作"奉爱罗莎"，因为奉爱有九大情绪，所以"奉爱罗莎"也有九种不同的行为，而九种不同的行为都会经验奉爱的真诚。

住在马哈拉夏赫省的摩陀瓦是另一位重要的传承者，他注解了《薄伽梵歌》。并且完全反对商羯罗的吠檀多，他不认为这个宇宙是一个魔耶幻象，他认为这个宇宙的形成是神的力量之彰显，一切都是神的爱赐予我们的恩典，人类的存在是神力的创造，人类来到这个世界不是寻求解脱，而是来和神的能量结合在一起，来感受神的恩典。

15世纪时，有一位重要的古鲁，室利·采坦耶·玛哈

第十章 吠檀多中的毗湿奴崇拜

帕布就是现代流行的克里希那知觉运动的先驱者，他的出生地在北方的孟加拉，他为了传教，一直走到了印度半岛的最南端，在那里成立虔信修道院。修道院培养出了无数个伟大的修行者，其中最有名的就是于1965年在美国成立国际克里希那知觉协会（International Society for Krishna Consciousness，简称ISKCON）的A.C.巴克蒂韦丹塔·斯瓦米·帕布帕德（A. C. Bhaktivedanta Swami Prabhupada，1896—1977）。

他们认为，普通人，特别是这个卡利年代中的人，都迷恋克里希那的外在能量，错误地以为增加物质享受就会使人快乐。人们不了解，物质或外在自然非常强大，人人都被物质自然的严酷定律牢牢地捆绑着，而生物的本能是为主服务，只有这样，才能快乐。由于受假象的蒙蔽，生物试图以不同的方式满足个人的感官来获得永久快乐，但这是难以办到的。人们不应该去满足个人的物质器官，而应该去满足克里希那的感官，那才是最完美的生活。因为主就是这样想的，也是这样要求的。这就是他们的核心思想。

笔者于2000年巧遇这个组织的第三代掌门人，一代宗师奉爱吠檀多大师拿拉央那·哥斯瓦米（His Divine Grace Sri Srimad Bhaktivedanta Narayana Maharaja），经过拜师，开光，赐名，学艺到2010年，在西孟加拉进入大三摩地。

之后,笔者再进入由印度前国师——斯瓦米·希瓦南达的弟子斯瓦米·威斯奴帝瓦南达(Swami Vishnudevananda, 1927—1993)所创立的希瓦南达瑜伽吠檀多中心学习至高级进阶班毕业,共20年时光,前后学习了毗湿奴派和希瓦派的思想。

希瓦派注重智慧修行,属于智慧瑜伽。毗湿奴派注重对神的爱,属于虔信瑜伽。

当然,胜王瑜伽为帕坦伽利所创,是瑜伽修行者的基础,也是王者之道。而行动瑜伽已经由每日的祭祀仪式、火贡、光祭、联谊等,进化到社区服务、捐款、送食物、救助灾难等活动中去了。

后 记

"智慧瑜伽"就是以得到智慧的方法去达到瑜伽（结合）的目的，是印度瑜伽四个传统修法中的一种。其他的三种修法是胜王瑜伽、奉爱瑜伽和行动瑜伽。但无论用哪一种修法，所有的瑜伽最终都会合而为一的。

智慧瑜伽主要是研读经典、自我学习和直接印证。不必一定要追随上师，苦练体位或虔诚于神的名相之下。因此，智慧瑜伽被归类为个人修行的瑜伽法门。

在不二论传承中，智慧瑜伽是发掘真我解脱之唯一正途。用自我的努力学习、提问、思考和探索等，看清楚哪些是真实的，哪些不是真实的。再努力将自己从不真实中脱离出来，最终领悟到和梵相连的智慧。

当我们看破了虚幻不真实的面纱时，一切的障碍都被破除，我们和唯一真实存在的那个原始能量原来毫无距离，根本就是同一个存在。如此，不用在外面找智慧，答案就在你的内在。

瑜伽作为一种修行的法门，在现代高科技时代，是否还能吸引人？如何在一个一切以科学逻辑为主的今天，可以使我们由内心生出对这些所谓"智慧"的认同感，这是有一定难度的。以前所谓的仙人、圣者、苦行者、先知及觉者们所处在的整个宇宙大环境和现代世界的差异实在是太大了。以当初人类进化出来的智慧并以现代人进化的程度来看，是否还是"智慧"呢？西方世界已有"上帝已死"的论点，那么是否"智慧已死"了呢？这些都值得我们深思。就算"智慧"已不再是智慧，那么我们人类有救了吗？心灵平静了吗？或者我们还需要这份"智慧"吗？现代科技能否定"智慧"吗？

人类之间仍然征战不止，世界仍然动荡不安，如何将智慧瑜伽真正带到全世界人类的生活中去？是否只有在特定的生活中瑜伽才能被显现，智慧才能被生出呢？人类发现了瑜伽，瑜伽真的能帮助人类吗？人类到底在追求什么呢？或许人类根本不能追求，只能活着，所有追求解脱法门的本身才是无明？

唵！塔！萨！

祥玛南达·达士

2013年初夏